KB054196

27세, 경매의 달인

700만 원으로 15억 원 만든 실전 경매 다이어리

27세,
경매의
달인

신정헌 지음

매일경제신문사

20대, 부동산 경매에서 희망을 발견하다!

2006년 말, 처음으로 경매법정에서 입찰이란 것을 해보았다. 당시 많은 사람들이 경매는 이미 과열단계에 접어들어 수익성이 낮아지는 등 예전 같지 않다고 우려를 표했다. 그러나 1년 6개월이 지난 후, 나는 전국 각지에 15개의 부동산을 보유하게 되었다.

처음 입찰할 당시 투자가능 금액이 700만 원가량이었으니 투자금이 많았던 것도 아니었다. 경매에 대해 잘 아는 전문가는 더더욱 아니었다. 다만 반드시 지켰던 원칙이 있다면, 한 지역, 한 가지 종류의 부동산만 고집하지 않았고, 입찰을 준비하던 지역이 과열 양상을 띠면 그렇지 않은 다른 지역의 물건을 찾아보았다.

이렇게 상대적으로 경쟁이 덜한 지역에서 경쟁이 적은 물건들을 분석하여 매수하다 보니 어느덧 15개의 부동산을 소유할 수 있었다.

개발 호재가 있거나 향후 발전 가능성이 높아 보이는 지역은 최대한 빠뜨리지 않고 알아보았다. 그러다 보니 서울을 비롯해 부천, 인천, 서산, 당진, 양주 등 전국 각지를 돌아다녔다.

입찰 횟수만 70번 이상이다. 다른 사람에 비해 자금이 넉넉지 못하니 늘 낙찰을 기대할 수 있는 최소 금액으로만 입찰을 했기 때문에 입찰 성공률은 그다지 높지 못했다. 하지만 덕분에 일단 낙찰이 되고 나면 그 후 수익률은 상당히 높았다.

혹자는 경매로 낙찰받은 부동산이 운 좋게 소위 '대박'을 맞아 큰 수익을 거둔 것은 아니냐고 묻는다. 하지만 앞으로 책에서 설명할 사례를 보면 알 수 있듯이, 내 경매투자와 '대박'은 거리가 멀다. 지금 생각해보면 수익률 측면에서 늘 최선이 아닌 차선의 투자를 한 경우가 대부분이었다. 단지 실패한 투자나 최악의 투자가 단 한 번도 없었기에 지금의 작은 성공을 거둘 수 있었던 것 같다.

경매에 있어 새내기였던 내가 한 번의 실패도 없이 15억 원의 자산가가 되었다는 것은 그만큼 경매투자가 안전하다는 것을 말해주는 사례가 아닐까?

대학을 졸업하고 나름대로 인정받는 직장을 뛰쳐나와 경매에 매진할 수 있었던 것은, 그 속에서 '희망'을 보았기 때문이다. 분명히 일부 경매 시장은 과열되었고 그런 시장에 뛰어들어 수익을 올리는 것은 대단히 어렵다. 하지만 과열된 것은 시장의 일부일 뿐, 치열하지 않은 시장은 언제나 존재한다.

내가 처음 경매를 시작하던 2006년까지는 경매 시장에서 아파트가 크게 인기를 끌었고, 2007년에는 다세대와 빌라가, 2007년 후반기부터는 오피스텔이 상당히 주목을 받았다. 그래서 처음 경매를 시작할 때에는 수도권 오피스텔과 빌라를 중심으로 투자하였다. 그리고 오피스텔까지 과열 양상을 보인 2007년부터는 서울 이외 지역을 중심으로 입찰하였다. 유망해 보이면서도 최대한 사람들이 많이 몰리지 않을 것으로 보이는 물건만 찾아다닌 것이다.

'시세나 임대가보다 저렴하게 매수할 수 있는 한 나에게 부동산 경매는 희망이다!'

주위 분들로부터 "경매로 부동산을 구입하는 것이 위험하지 않느냐, 요즘 집값이 떨어진다는데 걱정되지 않느냐"라는 말도 많이 듣는다. 하지만 이러한 우려는 일부 '과열'된 지역의 고가 부동산을 보유한 경우에 해당하며, 전세가보다도 낮게 매입한 내 부동산의 경우는 별 영향을 받지 않는다. 전쟁이나 외환위기처럼 일생에 한 번 있을까 말까 한 재해가 없는 한.

주식투자에 여러 가지 패턴이나 성향이 있는 것처럼 부동산투자도 마찬가지이기에, 앞으로 전개할 나의 투자 방식이나 스타일을 그대로 따라할 필요는 없다. 다만 내가 독자들에게 하고 싶은 말은 지금 이 순간에도 부동산 경매는 여전히 매력적인 투자 방식이고, 자금이 충분치 않은 우리에게 훌륭한 투자기회를 제공해준다는 것이다.

신정헌

목 차

part 01

27세 청년의
경매투자 에세이

첫 투자는 누구에게나
두려운 도전이다

좋은 사람, 좋은 책을 곁에 두어라

· 한 권의 책이 인생의 방향을 바꾼다.
· 부동산 공부는 인터넷으로 하라.

부동산 경매에 관심을 갖게 된 건 2005년 여름 무렵이었다. 나는 대학 시절에도 다른 친구들에 비해 금융이나 부동산, 재테크에 상당히 많은 관심을 가진 편이었다. 그러나 부동산 경매의 경우에는 접할 기회도, 접할 생각도 없이 지내오던 중이었다.

그러던 중 이미 부동산으로 상당한 재산을 모은 지인이 경매에 대해 설명해주며 책 한 권을 추천해주었다. 아내와 가까운 분으로, 결혼을 앞둔 우리에게 직장생활 외의 재테크 수단으로 경매가 가장 효과적이고 안전할 수 있다는 설명을 덧붙였다.

일단 경매라고 하면 거칠다거나 남성의 전유물이라는 선입견이 있다. 하지만 요즘에는 여성들도 쉽게 할 수 있고, 실제로 많은 여성들이 경매 시장에서 활약 중이다.

돌이켜 보면 그 지인의 조언과 한 권의 책이 내 인생의 진로를 바꾸는 계기가 되었다. '내 책도 그렇게 누군가의 인생을 긍정적으로 돌려놓을 수 있지 않을까' 라고 문득 생각해본다.

2005년 여름은 내가 경매에 대해 생각하기 시작한 시점이기도 하지만 대학 졸업과 취업이라는 사건이 있었던 때이기도 하다. 5월에 입사해 한 달간 정신없이 신입사원 합숙 교육을 받고 6월에 부서배치를 받았다. 대부분 비슷하겠지만 신입사원 교육 중에는 새내기들에게 자유시간이 거의 주어지지 않는다. 빡빡한 스케줄 속에 앞으로 회사생활에 필요한 직무 태도와 예절, 애사심, 대인관계 등에 관한 교육이 쉴 새 없이 이루어진다.

부서배치 후에도 새로운 부서생활에 적응하기 바빠 다른 생각을 할 겨를이 많지 않았다. 업무 내용 자체도 생소하거니와 선배 혹은 상사들과 좋은 유대 관계를 맺는다는 것이 사회 초년병에게는 그다지 호락호락한 일이 아니었다.

그래서 당시 부동산에 대한 정보를 얻을 수 있는 채널은 인터넷뿐이었다. 세상이 정말 좋아져 인터넷을 통해 얻을 수 있는 정보의 비중이 전체 부동산 정보의 90% 이상을 차지한다. 물론 좋은 정보를 찾을 수 있는 능력과 그 정보를 재해석할 수 있는 능력을 기르는 것은 필수다. 그리고 그 나머지 10%에서 더 큰 부가가치가 나오는 경우가 많기 때문에 오프라인 정보도 온라인 정보 못지않게 중요하다.

이 책의 부록에 아파트 실제 거래가나 부동산 시세 확인, 국가 부동산 정책 공지, 경·공매 사이트 등 부동산에 관련하여 반드시 알아두어야 할 사이트들을 모아두었다.

우선, 내가 지금 살고 있는 집의 시세부터 확인해 보자. 아파트라면 국토해양부 사이트에서 실거래가를, 그밖의 주거 형태라면 네이버 부동산에서 시세를 체크할 수 있다. 살고 있는 집이 전세나 월세라도 상관없다. 아니 그럴수록 시세 확인이 더 필요하다.

경매 외에도 부동산투자 방법은 많다
· 청약을 통한 부동산 마련은 아직도 훌륭한 재테크 수단이다.
· 자금이 있다면 광교신도시, 조금 부족하다면 김포(한강)·양주 신도시를 주목하라.

2005년 당시 나는 결혼을 준비하고 있었기 때문에 아파트 분양 정보를 매우 유심히 살펴 보았다. 같은 해 하반기, 동탄신도시의 아파트 분양이 막바지에 이를 즈음이었다.

동탄은 서울과의 거리가 멀어 크게 주목받지 못했다. 하지만 삼성전자 기흥 공장과 협력업체들(앞선 1기 신도시들은 대부분 도시 내에 생산·업무시설이 빈약한 베드타운 성격이 많다), 경부고속도로와의 접근성과 용인-수원 지역의 발전 등의 측면을 보았을 때 향후 충분히 발전할 수 있다는 쪽으로 결론을 내렸다.

당시 동탄에 남은 청약기회는 단 2회였다(타운하우스나 주상복합, 오피스텔 등은 이후에도 분양이 있었지만 아파트는 2005년이 마지막이었다).

우선 우미-제일 풍경채에 청약하였다. 살아오면서 100원짜리 뽑기에도 당첨된 적이 한 번도 없었던 나이기에 확률을 높이는 차원에서 미래의 아내에게도 청약 신청을 권유했다.

나는 105제곱미터(31평형) A타입, 아내는 D타입을 신청했고 경쟁률은 10~30 대 1. 그러나 결국 둘 다 떨어졌다. 그리고 마지막 청약 물량으로 푸르지오가 남아있었다. 가장 선호하는 99제곱미터(30평형)대는 경쟁률이 높아 당첨 가능성이 떨어진다는 것은 이미 체험했기에 전략을 수정하였다.

그래서 나는 108제곱미터(32평형), 아내는 82제곱미터(24평형) A타입에 청약했지만, 이 역시 수십 대 1의 경쟁률을 기록했고, 둘 다 또다시 떨어지고 말았다. 그러나 아내가 예비당첨자 50위권에 들어 작은 희망의 여지는 있었다.

그리고 한 달 후, 당첨자 중 부적격자와 계약 포기자에 따른 추가 추첨이 있었다. 2차 최종추첨에서 운 좋게 당첨된 우리는 신혼여행 1주일 후 신행인사 길에 한복을 입고 견본주택을 방문하여 동호수 추첨을 하는 추억 어린 장면을 연출하기도 했다.

2005년 부동산 시장이 과열 양상을 보이자 정부는 '8·31대책'을 발표하였고, 이에 따라 분양가상한제 및 원가연동제가 시행되었다. 덕분에 이후 분양분은 기존 분양 아파트에 비해 소폭 분양가가 인하되어, 3.3제곱미터당 670만 원에 전매제한 5년의 조건으로 내집마련에 성공할 수 있었다.

분양권 전매제한 기간(2008년 6월 29일 기준)

구분			기간
수도권	공공택지	전용 85제곱미터 초과	10년
		전용 85제곱미터 이하	7년
	민간택지	전용 85제곱미터 초과	7년
		전용 85제곱미터 이하	5년
지방	공공택지	전용 85제곱미터 초과	1년
		전용 85제곱미터 이하	
	민간택지	전용 85제곱미터 초과	없음
		전용 85제곱미터 이하	

만약 동탄신도시 분양이 1년 후였다면 경쟁률은 훨씬 더 높았을 것이다. 당시만 해도 사람들에게 많이 알려지지 않았고 상대적으로 입지가 떨어졌기에 그 정도의 경쟁률로 분양이 이루어졌을 것이다. 직접적으로 비교하기는 어렵지만 이후 용인, 판교, 파주 등에서 진행된 아파트 분양은 동탄에 비해 훨씬 높은 분양가였음에도 수십, 수백 대 1의 경쟁률을 기록하였다.

이후 분당급 신도시로 동(東) 동탄이 결정되고 동탄과 서울 강남을 바로 잇는 대심도 전철 등의 호재는 운이 좋았다고밖에 설명할 수 없을 것이다.

수도권의 주택 가격이 날로 치솟아 무주택자들과 신혼부부들의 내집마련이 갈수록 어려워지고 있다. 물론 정부도 국민의 이런 어려움을 어느 정도 인지하고 지분형 주택이나 신혼부부 주택우선공급 정책 등 여러 가지 방안을 마련 중인 것으로 알려져 있다.

아직까지 내집마련을 이루지 못했다면, 오늘부터라도 즐겨 접속하는 포털사이트에 있는 부동산 뉴스를 먼저 탐독해보자. 그곳에 담긴 정보들만 꾸준히 본인의 것으로 만들어도 다른 사람보다 쉽게, 더 좋은 부동산을 저렴하게 구할 수 있을 것이다.

2008년 현재 아파트 분양을 기다리며 어떤 지역, 어떤 아파트가 좋을지 고민하는 많은 분들을 위해 사견임을 전제로 작은 조언을 하고 싶다.

6억 이상 자금동원이 가능하다면 서울 시내에 분양하는 아파트를 골라 청약할 수 있겠지만, 그렇지 않은 대다수에게 서울 시내에 신규 분양하는 대단지 아파트를 분양받기가 어려워졌다. 하지만 수도권으로 범위를 넓혀 보면 발전 가능성과 쾌적성을 고루 갖춘 지역이 꽤 많다.

그중 특히 광교, 김포(한강), 양주 신도시가 유망해 보인다. 분양가는 광교가 1,200만 원, 김포 900~1,000만 원, 양주 800만 원대로 예상되니 자신의 자금상황과 선호 지역에 따라 결정하면 좋을 것이다 (서울을 기준으로 광교는 남, 김포는 서, 양주는 북동쪽에 위치한다).

전 세계적인 인플레이션 때문에 시간이 지날수록 분양원가 상승이 불가피해 보인다. 만약 분양을 통한 주택 구입을 계획하고 있다면, 조금 서두르는 편이 유리할 듯 싶다.

부동산 시장이 주식 시장과 구분되는 차이점

주가는 재료를 즉시 반영하지만 부동산 가격은 재료를 천천히 반영한다(가격의 계단식 상승). 때문에 뉴스나 공시를 보고 주식투자를 하면 실패할 확률이 높지만, 부동산 투자를 하면 성공할 가능성이 보다 높다. 물론 재개발·재건축 혹은 뉴타운 지역 내의 대지지분 등은 일반주택에 비해 호재 반영속도가 빨라 뉴스를 보고 매입하려 하면 이미 늦은 경우가 많다. 하지만 전철 혹은 도로 개통 등의 호재 지역, 신도시 확정 지역 인근의 주택 매입 등은 뉴스를 보고 해당 지역을 충분히 조사한 후에 투자 결정을 해도 결코 늦지 않다. 주식과 마찬가지로 부동산도 바닥이 아닌 무릎에 사는 것이 훨씬 효율적이다. 바닥에서는 희망이 없어 보이기 때문에 시간이 더디 가고 지루하다.

좋은 사람이 있다면 과감하게 결혼하라

· 처음 내집마련이 가장 중요하다.
· 1~2년 전월세로 사는 것도 나쁘지 않다.
· 확신이 있다면 2,000~3,000만 원으로도 수도권에 신혼집 마련 가능하다.

나는 청약 당첨 직후 결혼을 했다. 동탄신도시 입주는 2008년 10월로, 기한이 한참 남아있었기에 결혼 전 전셋집을 구하기 위해 양재동 일대를 열심히 다녔다. 아내와 내 직장이 장충동과 오산에 있어 서로 출퇴근이 가능한 지역은 양재동, 역삼동, 분당 지역밖에 없었기 때문이다.

집을 알아보러 이리저리 다니다보니 양재동 지역에는 삼성이나 LG에 재직하는 사람들이 많아 방 두 칸 52제곱미터(16평) 남짓한 빌라들의 전세가도 보통 1억 원을 넘겼다. 그나마도 대기 수요가 워낙 많아 맘에 드는 집을 구하기가 정말 쉽지 않았다.

입사한 지 6개월 남짓한 루키에게 집을 마련할 만한 자금이 있을 리 만무했다. 당시 내가 모은 돈은 700만 원가량에 불과했다. 때문에 부끄러운 이야기지만 부모님께 도움을 구했고(결혼을 정말 하고 싶었기에) 9,000만 원가량 도움을 받게 되었다.

그러던 중 두 가지 선택의 기로에 섰다. 첫 번째는 양재천 인근에 위치한 '신영 체르니'라는 아파트를 매입하는 것이었다(신영은 삼성동 아셈타워 분양대행, 분당 로얄팰리스, 죽전 프로방스, 수송동 로얄팰리스 스위트 분양 등을 잇달아 성공시켰으며, 청주 대농지구 복합용도개발 단지 사업인 청주 지웰시티를 주도하는 회사다).

이 아파트는 다양한 면적으로 구성되어 있었는데, 그중에 우리가 대출을 끼고 살 수 있는 집은 42제곱미터(13평형), 46제곱미터(14평형) 정도였다. 당시 시세는 1억 4,000만~1억 7,000만 원 선이었는데, 주위 여건도 좋았고 환경도 쾌적했다. 또 하나 이 아파트를 지은 정춘보 회장이 IMF 이후 이 지역과 분당 구미동 등을 아파트와 오피스텔로 개발해서 커다란 성공을 거두었다고 하니 더욱 마음이 끌렸다.

또 다른 방안은 양재동에 산재한 여러 빌라들에 전세로 들어가는 것이었다. 방 두 칸에 거실 겸 부엌이 있는 52제곱미터(16평형)가량의 빌라가 보통 전세 1억 원 선이었다.

체르니는 거주 겸 투자가 가능하다는 장점이 있었고, 빌라 전세는 방이 두 개이고, 면적이 더 넓다는 것이 장점이었다. 반면 체르니는 방이 한 칸뿐이어서 짐 놓기가 쉽지 않았고, 대출을 끼고 구입해야 하기 때문에 매달 40만 원가량의 이자를 부담해야 했다. 그리고 워낙 작은 규모의 아파트라서 향후 시세상승이 가능할지도 의문이었다. 빌라의 경우, 전세금이 계약기간 동안 꼼짝없이 묶이고 추후 전세금이 상승하면 그대로 끌려갈 수밖에 없다는 것이 고민이었다.

그리고 분당에 52~60제곱미터(16~18평형) 아파트도 매입을 고민하며 알아보았다. 그러나 아내의 직장과 너무 멀어 선택에서 제외되었다. 숙고 끝에 우리 부부는 전세를 선택했다. 당시에는 높은 이자를 부담할 만큼 그 아파트에 대한 확신이 없었고, 방 한 칸에 신혼 짐들을 들여놓을 수 없다는 아내의 주장도 일리 있게 들렸다.

결과적으로 당시의 결정은 좋은 선택이었다. 우리가 양재동에 있는 1년간 신영 체르니의 시세는 거의 변동이 없었기 때문이었다. 하지만 1년 후, 우리가 매수를 고려했던 분당 아파트들이 당시 시세보다 20~30%가량 상승하였으니 경제적인 부분에서만 본다면 우리의 결정이 최선은 아니었다.

아무튼 우리는 양재동에서 신혼생활을 시작했고, 순자산 1억 원을 확보하게 되었다.

한 가지 오해하지 말 것은, 내가 결혼을 앞 둔 젊은 예비부부들에게 부모님께 손을 벌리는 게 당연하다는 의미로 이 글을 적은 것은 결코 아니라는 것이다. 준비도 하나 없이 그저 결혼할 마음만 앞서 뻔뻔함을 무기로 부모님께 매달렸고 감사하게도 부모님이 도움을 주신 것이다.

결혼을 하고 나니 집안의 각종 경조사 및 명절 때 어른들께 드리는 비용이 상당히 늘어난 반면 데이트 비용이나 개인적인 용돈은 크게 줄었다. 또한 부부가 서로 지출에 대한 통제를 해줄 수 있어 수입과 지출이 상당히 규모 있게 진행되었다. 그리고 맞벌이로 수입이 두 배가 되었기 때문에(지출은 1.5배가량) 종자돈이 모이는 속도가 빨라졌다.

물론 모든 경우에 해당되는 것은 아니지만, 대부분의 경우 결혼은 경제적 · 정신적으로 서로 안정을 이루고 한 단계 발전하는 커다란 계기라고 생각한다.

도망? 선택?

· 너무 이른 퇴사를 권하지는 않는다.

결혼 후, 회사업무는 여전히 바빴지만, 정신적으로는 어느 정도 여유를 얻을 수 있었다. 그리고 신혼집을 구하기 위해 다녔던 경험 덕분에 양재동과 분당 쪽 시세에 어느 정도 감을 얻을 수 있었다. 더 큰 수확은 그쪽 지역에 대한 관심이 생겼다는 사실이었다. 이때부터 해당 지역에 대한 기사나 정보를 좀 더 자연스럽고 재미있게 받아들일 수 있게 되었다.

또한 경매에 대해 보다 본격적으로 공부하고 싶다는 생각도 갖게 되었다. 그래서 경매에 관련된 도서들을 구입해서 읽기 시작했다. 어떤 책은 매우 유익하기도 하였고 어떤 책은 초보인 내게 너무 어려워 와닿지 않는 것들도 있었다. 그렇게 천천히 몇 달에 걸쳐 경매 관련 책들을 여러 권 읽어나갔다.

그 당시 배웠던 것들에는 '경매는 안전하다', '경매는 적은 돈으로도 시작할 수 있다', 그리고 '누구나 경매를 할 수 있다' 등이 있다.

한편 회사 업무는 점점 힘들어져 갔다. 당시 회사는 1~2년 전 최고 실적을 이루다가 급격히 어려움을 겪던 시기였다. 그래서 사내 모든 부서들이 힘들었다. 1주일에 3회 이상은 새벽 1시 이후에 퇴근했고, 주6일 근무가 일반적인 상황이 되었다.

일찍 끝나는 날도 11시 이후 퇴근이니 신혼임에도 아내 얼굴조차 보기가 어려웠다. 그나마 조금 일찍 퇴근하는 날이면 월간지 기자인 아내가 마감에 걸려 늦게 들어오는 식이었다. 그렇다보니 사는 이유에 대한 회의와 의구심이 뭉클뭉클 피어올랐다.

그래서 나는 결정했다. 어려움에 대한 도피일 수도 있고, 새로운 것에 대한 도전이라고 표현할 수도 있겠다. 아니 두 가지 모두였다고 생각한다. 회사에서 업무 자체는 즐겁고 배울 점이 많았지만 개인생활을 포기하면서까지 그렇게 살고 싶지는 않았다. 다소 건방진 표현을 하자면 회사에서 나와도 잘 먹고 잘살 수 있을 거라는 자신이 있었다.

물론 퇴직하자마자 무턱대고 경매에 올인하여 큰돈을 벌 것이라고 생각하지는 않았다. 그러기에는 내 능력이 턱없이 부족했고 자본도 없었다. 일단 매월 꾸준히 유입될 고정 수입이 필요했다. 나는 대학 시절 1년여간 했던 과외연결사업을 다시 시작했다.

이 사업의 특징은 진입장벽이 매우 낮아 누구나 희망하면 적은 비용으로 시작할 수 있고, 서비스 공급자인 과외선생님을 구하기가 쉽다는 것이다. 관건은 서비스 수요자인 학생과 부모를 유치하는 것이었는데, 이는 광고신문 게재나 방 붙이기, 명함 돌리기 등 큰 비용을 들이지 않고 할 수 있는 모든 홍보 방법을 동원했다.

육체적으로는 힘들어도 노력한 만큼 수익이 늘어나기 때문에 늘 즐겁게 일할 수 있었다. 또한 내 시간을 충분히 가질 수 있어 경매공부를 하기도 한결 수월해졌다. 그래서 나를 경매의 길로 인도해준 지인께 수업 추천을 부탁하였고, 본격적으로 경매 강좌를 듣기 시작했다. 학생들의 연배가 꽤 높을 것으로 예상하였는데, 생각보다 젊은 층도 많이 보였다.

왕초보의 첫 경험
· 확신이 있다면 최고의 결정은 아닐지라도 최선의 판단은 가능하다.

두 달간의 수업은 많은 배울 점을 남긴 채 마무리되었다. 이제는 본격적으로 물건들을 찾아나서고 싶었다. 하지만 사설 경매 사이트

비용이 조금 고민되었다. 요즘은 저렴한 사이트들이 많이 나와 어느 정도 경쟁 구도가 이루어졌지만, 당시만 해도 볼 만한 사설 사이트가 제한적이었다. 그 비용도 지역당 1개월에 2~3만 원 선이었고 여러 지역 물건을 확인하려면 비용 부담은 수십만 원으로 커졌다.

아직 본격적인 답사도 해보지 않은 상황에서 특정 지역만 찍어서 보는 것은 별로 의미가 없어 보였다. 다행히 대부분의 다른 학생들도 나와 같은 고민을 하고 있었다. 그래서 여럿이서 팀을 이뤄 아이디를 공유하기로 했다.

우리 팀은 한 사람당 10만 원씩 걷어 '전국/1년' 이용요금을 지불하였다(사설 사이트에서는 아이디 공유를 막기 위해, 동시접속 금지 등의 제한을 가하고 있지만, 초보 투자자에게는 참 좋은 방법이다. 내가 구입한 TV를 친구들과 함께 본다고 제재를 받지 않는 것처럼, 현행법에 위배되는 사항도 아닌 만큼 일종의 '계'로 보면 좋지 않을까). 그 아이디로 이후 1년간 참 많은 물건들을 만났다.

당시 내가 양재동에 살았으니 일단 주변 물건들부터 검색하였다. 그러나 금세 그 주변 물건은 포기하게 되었다. 당시 내 투자가능 금액인 700만 원으로는 어림도 없었기 때문이다. 그래서 내가 고교 시절을 보내 친숙한, 부천 지역에 있는 2,500만 원 이하의 물건들을 찾아보기 시작했다.

그러나 이러한 조사에도 불구하고 해당 사이트에 익숙지 않은 데다 권리분석이나 물건분석에도 아직 확신이 서지 않았다. 그럴 때마다 주위 스승들에게 자문을 구하고 질문을 하였다. 그 덕분에 조금씩 '좋은 물건을 빨리 찾는 능력' 이 길러진 듯하다.

그러던 중 부천역 주변에서 맘에 드는 오피스텔과 빌라를 발견하였다. 일단 사이트를 통해 물건의 내용과 등기부등본 등의 기본적인 사항을 체크하고, 부동산 시세 사이트를 돌며 전월세 수준을 파악했다. 다음으로 그 지역 공인중개사와 통화하여 입주에 여유가 있는지(공실률을 파악하기 위해), 임대료가 어느 수준인지 확인하였다.

이제는 물건지 확인을 할 차례다. 길눈이 어두운 편이라 내비게이션에 의존해 일단 오피스텔을 먼저 찾아 갔다. 건물 외관을 확인한 후 무작정 해당 호수 앞에 가서 벨을 눌렀다(무슨 일이든 '첫 경험' 이란 무척 떨리고 긴장되는 일이리라).

상당한 긴장 속에서 벨을 눌렀는데 안에서는 아무 기척도 없었다. 아쉬운 마음 반, 왠지 모를 안도감 반으로 옆집, 아랫집, 윗집 벨을

Special **Tip**

답사 전 시세 확인은 필수!

시세 확인을 위해서는 부동산 시세 정보 사이트에서 부동산 종류와 찾는 지역을 선택해야 한다. 내가 찾는 것과 꼭 같은 부동산의 시세를 확인 가능한 경우는 드물다. 때문에 유사한 입지나 크기의 여러 부동산 시세를 종합하여 1차 결론을 도출하는 것이 좋다. 또한 시세가 너무 낮거나 높은 것은 제외하는 편이 좋다. 미끼 또는 허위 매물인 경우가 대다수이기 때문이다. 사이트에서 물건이나 시세 확인을 한 후에는 그중 두 곳 이상의 공인중개사무소에 전화하여 실제 매물이 맞는지 반드시 확인을 해야 한다.

물건지 내부 확인 시 유의점

· 오전 · 오후 시간에는 내부에 사람이 없는 경우가 많아서 저녁 이후 시간에 내부를 볼 수 있는 확률이 높다. 그러나 너무 늦은 시간에는 상대편이 불편해 하는 경우가 많기 때문에 주로 저녁 7~9시 사이에 방문하는 것이 좋다.
· 내부 답사 요청 시, 가급적 상대방에게 편안하고 정중한 느낌을 주도록 해야 한다. "실례합니다만, 집 관련하여 문의 좀 드리고 싶습니다. 잠시만 시간을 내주시겠습니까?" 라는 정도의 내용으로 차분하게 이야기해보자. 아내와 함께 가는 경우에는 주로 아내가 요청할 때가 더 효과적이었다. 아무래도 여성이 물어볼 때 상대방도 덜 부담스러워하기 때문일 것이다.

눌렀으나 모두 부재중이었다.

여섯 집 정도 벨을 눌렀을까, 드디어 안에서 "누구세요?"라는 말이 들렸다. 나는 "저… 집, 그… 집 때문에 여쭤볼 것이 있어서 찾아뵈었는데, 잠시 질문 좀 드려도 괜찮을까요?" 라고 어색하게 말했다

다행히 그 집의 점유자가 흔쾌히 문을 열어 주어 현관에서나마 내부 구조를 확인할 수 있었다. 나는 내친 김에 '살기 불편한 점은 없는지, 채광은 좋은지' 등과 전월세 시세까지 물어 보았다.

그렇게 물건지를 나와 가까운 공인중개사무소를 방문하여, 혼자 살 만한 전세나 월세집이 있는지를 물어보았다. 부천은 내가 잘 아는 편이라 특별히 물어볼 내용은 많지 않았다. 운이 좋게도 공인중개사무소에서 해당 물건지가 속한 건물의 다른 매물을 보여 주었고 나는 다시 한 번 내부 구조를 확인할 수 있었다.

현장 답사까지 마쳤으니 이제는 입찰가를 산정해야 한다. 사이트에서 과거 낙찰사례를 뽑아 주변 지역(기왕이면 같은 건물), 비슷한 크기의 물건 낙찰 사례와 비교하여 예상 낙찰가의 범위를 산정했다. 오피스텔과 빌라 모두 2,500만 원 선이면 낙찰 가능성이 있어 보였다.

오피스텔 입찰 당일, 목욕재계를 하고 입찰보증금을 준비한 후 법원 경매법정으로 향했다. 먼저, 입찰표를 작성하였는데, 경매에 관한 이런저런 공부는 했지만 입찰 용지를 어떻게 작성하는지, 필요한 서류가 어떻게 되는지 등은 아무래도 조심스러웠기에 주변 사람들에게 물어보며 작성하였다.

그리고 이를 제출하기 위해 줄을 서고, 마침내 담당 공무원에게 서류를 건넸다. 그런데 서류를 본 담당 공무원이 이렇게 말하는 것이 아닌가.

"취하된 물건입니다. 서류 다시 가져 가세요."

너무나 황당하고 허탈했던 첫 입찰표 제출 경험이었다.

-- Special Tip

입찰 전날, 기도 말고도 해야 할 일이 있다

입찰 전날 밤에는 대법원 경매 사이트(www.courtauction.go.kr)에서 입찰 물건을 반드시 확인해야 한다. 사이트에서 사건번호를 입력하고 확인하면 사건의 취하 여부를 가장 빠르게 알 수 있다(자세한 사항은 122페이지에 기술하였다).

오피스텔 입찰 실패 일주일 후 나는 빌라에 입찰하였고, 이번에는 3등으로 떨어졌다. 그러나 낙찰받지 못한 것은 결코 실패가 아니기에 다시 경매의 처음 단계로 돌아가 경매물건을 찾아보았다. 다른 지역에서 원하는 가격대의 물건을 찾던 중 시흥, 안산, 시화 쪽에 쓸 만한 오피스텔과 아파트를 발견하였다.

생각해보면, 참 아쉬웠던 사건이 있었다. 시흥에 있는 오피스텔이었는데 답사까지 마치고 입찰 당일, 안산 지원을 찾았더랬다(시흥시 소재 물건들은 수원지법 안산지원에서 경매가 이루어진다). 사람들이 꽤 많은 듯하여 '입찰가를 조금 높일까' 하는 유혹이 들었으나 마음을 다잡고 원래 입찰가 그대로 입찰표를 작성한 후 제출하였다.

이윽고 개찰. 맙소사, 내가 1등과 불과 7만 원 차이로 낙방한 것이 아닌가. 사무관이 최고가 매수신고인을 호명하자 그 사람이 나를 힐끗 보며 단상으로 걸어갈 때의 그 기분이란. 그 후 나는 매번 입찰가 뒷자리에 7만 7,000원을 더 기재하는 습관이 생겼다.

다음 물건은 시흥 월곶에 있는 'ㅍ아파트'였다. 월곶 부근에 가면 ㅍ아파트밖에 보이지 않을 정도로 지역 내 브랜드 파워가 높고, 대단지였다.

물론 내가 입찰 가능한 물건은 소형 규모에(12~14평형대) 불과했다. 그래도 대단지 아파트여서 향후 시세상승도 기대할 수 있었고, 당시 임대료도 보증금 500만 원에 월세 25만 원 선이었기 때문에 내가 원하는 가격 선에서 낙찰된다면 수익률도 충분해 보였다.

당시만 해도 아직 시화 MTV(멀티 테크노 밸리)나 신(新) 안산선, 군자지구 등의 굵직한 개발호재가 발표되기 전이라 시흥시는 전반적으로 주택 가격이 상당히 낮았다. 이 물건에 대한 입찰 열망이 조금 더 컸던지라 3,000만 원가량의 금액으로 입찰하였다. 그러나 생각보다 높은 경쟁률로 다시 떨어졌다.

이후 2007년 시흥시 아파트 가격은 전국 최고 상승률을 기록하며 폭등을 거듭하게 된다. '그때 그 물건을 잡았다면 짧은 기간에 상당한 시세차익을 거두었으련만…' 하는 아쉬움이 들기도 한다.

몇 차례의 답사와 입찰 등으로 경매의 절차는 어느 정도 감이 잡혀갈 무렵이었다. 인천 서구 오피스텔이 눈에 들어왔다(청라지구 인근 지역). 답사를 해보니 공실도 적고 임대료는 보증금 500만 원에 월세 30만 원 선이었다. 그간 몇 차례 경매 입찰에 떨어지고 나니 입찰할 때 마음이 어느 정도 비워지는 중이었는데, 덜컥 낙찰이 되었다.

나는 기쁜 마음으로 바로 법원에서 나와 해당 호수를 방문하였다. 오후 시간이었기에 예상대로 세입자는 부재중이었다. 그래서 현관에 '연락 부탁한다'는 내용의 쪽지를 남기고 돌아왔는데, 그날 저녁 세입자에게 연락이 왔고 돌아오는 주말에 방문하여 만나기로 약속했다.

배당을 1,000여만 원 받는 세입자라 명도 부담은 없었다. 방문하여 향후 경매절차나 배당 등에 관해 설명하였고, 세입자는 3주 안에 명도해주기로 약속하였다. 약속한 날에 오피스텔을 방문하여 세입자에게 명도 확인 서류를 건네주고 서로 웃는 얼굴로 작별했다(물론 이사비용은 지급하지 않았다).

배당을 받는 세입자였기에 큰 문제가 없을 것이라고 예상은 했지만, 예상대로 잘 되지 않는 것이 세상 이치인데 기대했던 것보다 훨씬 빠르고 수월하게 명도가 끝났다(아직 잔금 납부도 하기 전이었다).

내부는 상당히 깨끗한 편이라 간단한 청소 후 인근 공인중개사무소에 보증금 1,000만 원, 월세 25만 원에 임대 요청을 했다. 같은 크기의 주변 물건들은 보통 보증금 500만 원에 월세 30만 원에 계약되었는데, 나는 새로운 투자금 확보가 필요하였기에 보증금을 높여 내놓았다. 다행히 일주일 후 계약을 희망하는 임차인을 만나 계약을 하고 다시 일주일 뒤에는 입주까지 마쳤다.

3,000만 원이 못되는 가격에 낙찰을 받아 70% 대출을 받았으니 세금을 포함하여 순수 자기자금 900만 원가량이 투자되었고, 곧 이어 1,000만 원이 회수되었다. 당시 은행이자가 월 12~13만 원이었으니 오피스텔 투자를 통해 오히려 자금을 100만 원 더 회수하고도 월 13만 원의 '자유소득(이를 임대소득, 불로소득 등으로 말하기도 하지만 나는 자유소득이라 칭하고 싶다)' 을 확보하게 되었다.

드디어 그동안 꿈꾸던 '자유소득자' 의 길을 걷게 된 것이다.

성공의 기쁨에 취한 나는 한동안 부천, 인천 부근의 오피스텔 물건들만 찾아다니게 되었다. 그러나 결과적으로 보면, 그 선택이 내게는 최선이었을지언정 객관적으로 최고의 선택은 아니었다.

만약 내가 인천 서구의 오피스텔이 아니라 빌라를 낙찰받았다면, 상당한 시세차익을 볼 수도 있었을 것이다. 2006년 말까지만 해도 인천 지역에서는 3,000만 원보다 낮은 가격에 낙찰되는 빌라들이 굉장히 많았다.

그런데 2007년에 접어들면서 인천 지역 주택 가격이 폭등하기 시작했다. 시흥 부근이 아파트나 재개발 지역 위주의 폭등이었다면 인천은 오히려 저가 주택들의 상승세가 가파랐다. 2007년부터는 5,000만 원 아래에 낙찰되는 빌라들을 찾기 어려울 정도가 되었다.

 Special Tip

재임대를 할 것인가, 새로운 임차인을 찾을 것인가

낙찰 후, 임대를 생각한다면 누구나 한 번쯤 고민해 보는 문제다. 결론부터 말하자면, 가급적이면 기존 임차인을 명도한 후 새로운 임차인을 구하는 것이, 시간이 걸리더라도 더 좋은 방식이다.

기존 세입자가 희망한다면, 적정한 임대료를 받고 재임대하는 것이 명도에 대한 부담이 없어 일견 더 좋은 방법으로 비쳐질 수 있다. 하지만 이 방식에는 치명적인 위험이 있다. 경락에 따른 인도명령 신청가능 기한이 잔금 납부 후 6개월이기 때문에, 그 기간이 지난 후 세입자가 임대료를 미납하는 등의 분쟁이 발생하면 해결이 쉽지 않다.

낙찰자의 소유권 획득 편의성을 높이기 위해 인도명령은 처분 및 집행이 간결·신속하다. 그러나 6개월이 경과하면 인도명령이 아닌 명도소송을 통한 집행만이 가능해져 시간과 비용, 수고가 몇 배나 더 소요된다. 즉, 기존 세입자에 대한 재임대는 명도에 대한 부담을 제거하는 것이 아니라 지연·확대하는 것에 불과한 것이므로, 향후 말썽이 없을 것이라는 확신이 있는 상황이 아니면 가급적 지양하는 것이 좋다.

나는 이후에도 몇 차례 소위 '대박'의 기회를 놓치고 만다.

그렇게 2006년 후반기, 인천에 오피스텔 3개를 낙찰받았다. 나중에 낙찰받은 두 오피스텔의 수익률은 처음 것보다 조금 더 높았다. 상당히 의기양양해진 나는 전세금을 빼 내집마련을 하기로 결심하게 되고, 2007년 상반기 드디어 내 집에서 사는 즐거움을 맛보게 되었다(Chapter2에서 자세히 기술).

경매의 위험은 입찰 이전에 제거하라
· 신은 준비된 자에게만 달콤한 열매를 허락한다.

내집마련을 하면서 일시에 상당히 큰 규모의 부채가 생겼고 이에 따른 이자 부담도 발생했지만, 4,000만 원의 신규 투자가능 금액도 확보되었다. 이제는 조금 더 큰 물건을 욕심 내고 싶었다.

이 정도 금액이면 1억 원 안팎의 물건들도 넘볼 수 있었다. 여러 지역을 찾다가 2006년 말에 경원선 개통으로 교통여건이 상당히 개선된 의정부, 양주, 동두천 지역 아파트가 눈에 띄었다. 그중 의정부는 뉴타운 지정 소문 등으로 입찰 경쟁률이 상당히 높아져 후보에서 제외하였다.

내가 선호하는 경쟁률은 10명 이내다. 예상 낙찰가를 뽑아 그 범위 안팎에서 입찰가를 산정하는데, 경쟁률이 그 이상으로 올라가면 그만큼 낙찰 가능성이 감소하기 때문이다. 그래서 과열 조짐이 있는 지역은 가급적 후보지에서 제외한다. 하지만 이것은 어디까지나 내 스타일일 뿐이다.

물론 해당 지역에 대한 확신을 갖고 과열 양상을 보이더라도 조금 높은 가격을 써서 낙찰받은 후, 충분한 시세차익을 거두고 나오는 사람들도 많다. 의정부 지역도 마찬가지였는데, 당시의 과열은 의정부 지역 시세상승의 '급등 초입기'에 불과했다. 이후 2007년에 미군 부대 이전, 각종 뉴타운, 경전철 등 대형 호재를 업고 의정부 부근 주택 가격은 급등을 거듭했다.

그러고 보면 나는 강북 아파트, 부천과 인천 빌라, 시흥시 부근 아파트 등 좋은 기회를 꽤나 많이 놓쳤다.

지역 내 숨은 악재는 이렇게 찾아보자

부동산 답사를 다니면 그 지역의 장점이나 호재는 접하기 쉬운 반면, 단점이나 악재는 서로 쉬쉬하기 때문에 외부인이 알아내기 어렵다. 이때 시·군·구청 홈페이지가 도움이 된다. 시·군·구청 홈페이지에 있는 자유게시판 등을 보면 '축사에서 나오는 오수 때문에 여름철에 악취로 시민들이 고생하고 있으니 빠른 시정을 바란다'라거나 '택지지구 인근에 장례식장이 들어온다는데 말도 안 되는 소리다. 당장 계획을 백지화해 달라' 등의 외부에서 접하기 어려운 정보가 많이 담겨있다.

그밖에도 도시 개발 계획이나 시·도 발전 방향 등의 정보도 홈페이지에서 접할 수 있다. 때문에 잘 알지 못하는 지역의 입찰을 위해 준비할 때는 반드시 해당 시·군·구청 홈페이지를 즐겨찾기 해두자.

하지만 내 원칙대로 남은 양주와 동두천 부근의 경매물건들 중 유망한 것을 추려 답사를 다녔다. 물건들이 너무 많아 답사에만도 며칠이 걸릴 정도였다.

주로 고읍택지개발지구 주변이나 지행역, 동두천역 인근의 아파트들이었는데 당시 해당 지역에 경매 물건이 상당히 많이 나왔다. 답사를 마치고 먼저 동두천 지역의 아파트들을 1주일에 한두 개씩 입찰했으나 모두 떨어졌다. 다음은 양주시 아파트였다. 수익률 극대화를 위해 '안 되면 다음 기회에' 라는 마음으로 예상 낙찰가 범주를 넘지 않는 가격으로만 꾸준히 입찰했다. 그러던 중 고읍지구 내 102제곱미터(31평) 아파트를 덜컥 낙찰받았다.

이 물건은 깜빡 빠뜨리고 답사도 제대로 하지 않아, 꽤 낮은 가격에 입찰한 것이었는데 낙찰되다니 어리벙벙하였다. 하지만 이 준비되지 않은 낙찰은 나에게 커다란 시련을 안겨 주었다.

이 물건은 고읍지구 내에 있고 양주신도시 예정지 인근 물건이라서 향후 발전가능성이 뛰어난 곳인데, 다만 서류상으로 선순위 임차인이 기재되어 있었다.

그런데 사설 경매지에 '몇 개월 동안 공실로 비어 있음' 이라는 내용을 철썩같이 믿어 버린 것이 화근이었다. 인천에서 세 번째로 낙찰받은 오피스텔이 '가짜 선순위 임차인' 물건이었는데 그것을 잘 해결한 것이 내 오만함을 키웠던 모양이다.

여기서 선순위 임차인이란, 근저당 등 말소기준권리 이전에 전입신고를 마치고 점유하고 있는 자를 말한다. 이는 낙찰자에게 맞설 수 있는 대항력을 갖기 때문에 잔금 납부 후 소유권 이전을 마쳤더라도 임차인에게 보증금을 지급하지 않으면 명도가 불가능하다.

낙찰을 받고 법원을 나와 해당 호수를 방문하니 문이 잠겨 있었다. 관리사무소에 들러 낙찰자임을 밝히고 그 집에 대해 문의하니 다음과 같이 말했다.

"5개월 전까지 전 소유자가 수년간 거주하였고 사업이 잘 안 되어 갑자기 이사를 간 후 계속 집이 비어 있었는데, 2달 전쯤 친척이라는 사람이 들어와서 거주하고 있습니다."

관리소장의 말대로 친척이 거주하고 있다면 다행이지만, 서류상의 선순위 임차인인 권 모 씨가 거주한다면 일이 매우 어려워질 수 있는 상황이었다. 권 씨가 진정한 선순위 임차인이라면, 낙찰자에게 대항력이 있어 임차 보증금을 물어주기 전까지는 해당 물건을 계속 점유할 권리를 갖는 것이다. 법적으로 보장되는 권리이므로 인도명령이나 명도소송도 불가하다.

머릿속이 점점 더 복잡해졌고, '연락을 바란다'는 내용의 메모를 남긴 채 돌아왔다.

다음날 연락이 왔는데, 이름을 물으니 권 ○○란다. 우려했던 상황이다. 일단 돌아오는 주말에 집에서 만나기로 하고 통화를 마쳤다. 물론 당사자는 정당한 임차인이라고 주장하겠지만 석연찮은 점이 한두 가지가 아니었다. 그 세입자는 전입신고만 해둔 채 물건이 경매에 넘어가는 동안 법원에 어떠한 권리신고도 하지 않고 있었다.

그러다가 갑자기 두 달 전부터 들어와 살고 있었던 것이다.

관리소장의 말대로라면, 그는 전입신고가 된 채로 실제 점유는 하지 않은 '가장 임차인'일 뿐이었다. 수년 동안 소유자가 그 집에 거주하였고, 권 씨가 입주한 기간은 두 달여에 불과하지 않은가. 일단은 '가장 임차인'임을 밝힐 확실한 물증이 필요했다.

우선 경매를 신청한 채권자인 ○○은행 양주 지점 대출 담당자에게 전화를 했다. '무상임차각서'를 받아두었는지를 확인하기 위해서였다. 이것만 확보하면 게임은 간단하게 마무리될 수 있다.

대출 담당자는 "관련 문서는 이미 본점 채권관리팀으로 이송되었고 자신은 당시 사건 담당자가 아니라 사건에 대해 알지 못한다"고 답변하였다. 나는 즉시 본점 채권관리팀으로 달려가 사건 담당자를

Special Tip

무상임차각서

은행에서 주택을 담보로 대출을 실행하는 경우 은행 근저당이 최선순위가 아니면 대출에 상당한 제약이 따른다. 때문에 대출 당시 해당 물건지에 소유자 가족 이외의 전입신고가 되어 있으면 은행에서는 전입신고 말소를 요청하거나 무상임차각서를 받는다.

무상임차각서란, 해당 세입자가 그 물건지에 무상으로 거주하고 있음을 확인하는 각서로, 이것이 있으면 세입자는 배당신고를 하더라도 추후 경매에서 배당 제외되고 대항력도 인정받지 못한다. 또한 이는 해당 세입자가 진정한 세입자가 아니라는 강력한 증거가 된다. 만약 무상임차각서를 제출한 물건에 대해 해당 세입자가 임차인임을 계속 주장한다면, 민사소송을 통한 손해배상은 물론, 사기죄나 강제집행면탈죄 등의 형사고소도 가능하다.

만났다. 하지만 내가 원하는 무상임차각서는 존재하지 않는다고 했다. "선순위 세입자가 있는 집에 무상임차각서 없이 그 정도 금액의 대출이 실행된다는 것이 말이 되느냐"고 따졌지만, 담당자도 "당연히 무상임차각서를 받아두었어야 하는 것이 원칙인데 당시 담당자가 실수하였나 봅니다"라고 답할 뿐이었다.

다만 당시 대출기록 카드에 담당자가 '당시 현장을 방문하였고 해당 물건지에는 소유자가 거주하고 있음'이라고 기재해놓은 자료는 찾을 수 있었다. 아쉬우나마 그것이라도 증거자료로 쓰기 위해 복사를 부탁하였으나 그마저도 거절당했다. 향후, 전 소유자가 개인정보를 유출하였다는 이유로 은행에 소송을 걸면 은행 입장이 곤란해진다는 이유에서였다. 법원에서 정식으로 요청이 들어오면 복사가 가능하다는 설명도 덧붙였다. 일단 심증만 굳힌 채 돌아왔다.

그러고는 '소유자가 이사 간 후 몇 달 동안은 집이 비어있었다고 하니, 공과금도 없었을 것이다'라는 가정 하에 도시가스회사, 한국전력, 한국수자원공사에 연락을 하고 지난 요금내역을 조회했다. 역시 3달여 동안 사용요금이 '0'이었고, 이 내역을 팩스로 받아 두었다.

권 씨와 약속한 당일 관리사무소를 먼저 방문하였다. 관리소장에게 부탁하여 5개월 전까지 전 소유자가 점유하였다는 '거주확인서'를 받았다(미리 작성해간 내용에 관리소장 직인을 받은 것이다).

드디어 거주확인서와 공과금 내역서를 들고 집을 방문하였다.

내부는 온갖 잡동사니들로 어지러웠고 방들은 가구도 없이 박스들만 널려있어 실제 거주하고 있지 않다는 심증을 굳힐 수 있었다. 일단 권 씨에게 계약서가 있다면 보여줄 것을 요청하였다. 권 씨는 약간 꼬깃한 계약서를 가지고 나왔다. 소유자와 단 둘이 작성하여 부동산 중개인 직인도 없는 계약서 한 통이었는데, 보증금으로 2,000만 원이 기재되어 있었다.

나는 공과금 내역서와 거주확인서를 보여주며 권 씨가 진정한 임차인이 아님을 주장하였다. 하지만 권 씨는 지방 출장 때문에 몇 달 동안 집을 비웠다고만 답변하였다. 그래서 내가 물었다.

"이사비용을 얼마나 생각하십니까?"

"보증금 전액을 받아야 나갈 수 있습니다."

그날 대면은 성과없이 그렇게 끝나버렸다.

이제 내가 나아갈 수 있는 방향은 두 가지였다.

① 형사고소
② 인도명령

확실한 증거만 확보할 수 있다면 형사고소가 빠른 해결에 도움이 될 듯했다. 실제로 법적절차가 진행된 후에는 설령 당사자 간 합의가 있어도 처벌을 면할 수 없기 때문에, 이런 경우 상대방을 압박하는 수단으로 형사고소를 이용할 수 있다. 절차에 따른 비용도 별로

가짜 권리자의 처벌

경매사건에서 허위유치권이나 가장 임차인 등 허위로 권리자임을 주장하여 금전적 이익 등을 취하려는 경우, 사기죄, 경매방해죄, 강제집행면탈죄 등이 성립하고 이에 대해 중형을 내린 판례가 잇따르고 있다.

들지 않는다.

형사고소를 위한 증거 확보가 어렵다면 인도명령 허가 결정을 위해 뛰어야 한다. 그러나 이마저도 권 씨가 가장 임차인이라는 상당한 수준의 증거가 뒷받침되지 않으면 각하나 기각될 가능성이 많았다. 그리고 법원에서 요청을 받아들여 인도명령 집행이 이루어진다면, 집행비용은 100~130만 원 선 정도가 소요될 것으로 예상되었다 (전용면적 기준 평당 4~5만 원×25.4평).

앞의 두 가지 증거들은(공과금 내역서, 거주확인서) 보조적 증거는 될지언정 결정적 증거가 되기는 부족했다. 그래서 나는 확실한 증거를 찾기 위해 법원 경매계를 방문하여 사건기록부 열람을 요청하였다.

한참 동안 두꺼운 서류들을 넘기다가 마침내 원하는 내용을 하나 발견했다. 경매 시작을 알리기 위해 해당 물건지에 집달관이 2달에 걸쳐 수차례 방문한 기록들이었는데, 그중 '방문하였으나, 문이 열린 채 내부는 짐 없이 비워져 있어 아무도 거주하고 있지 않는 것으로 보임' 이라고 적힌 보고서가 있었다. 법원 담당 집달관이 방문하여 현황을 기재한 것이니 유용한 증거자료가 될 것 같았다.

그리고 그동안 관리비나 공과금을 자동이체를 하였는지 여부도 확인해 보았다. 5개월 전까지는 전 소유자가 거주하였다고 하니, 그간 공과금 등을 자동이체를 한 내역이 있으면 권 씨가 점유하고 있었다는 주장에 대한 상당한 반박 증거가 될 수 있기 때문이었다.

임차인이 거주하고 있는데 공과금을 주인이 내주고 있다면 누가 보아도 상식에 맞지 않다. 그래서 가스, 전기, 수도 회사 측과 관리사무소에 문의했으나 안타깝게도 모두 지로납부해 이름 확인이 안 된다는 답변만 들었다. 실망스러운 결과였다.

일단 납부기일 마지막 날에 잔금을 납부하기로 하고 법무사 측에는 잔금 납부와 소유권 이전 절차를 밟되, 일반적으로 잔금 납부와 함께 제출하는 인도명령신청서는 접수하지 말 것을 당부하였다. 보

Special Tip

사건기록부 열람

낙찰 후 일주일이 지나 매각허가 결정이 떨어지면 낙찰자는 비로소 경매의 이해관계인으로서 해당 사건에 대한 기록을 열람·복사할 수 있는 권리를 갖게 된다. 사건기록부에는 경매 관련 채권자, 전 소유자나 세입자 관련 서류 등 그 경매에 관련된 서류가 모두 편철되어 있어 여기서 얻을 수 있는 정보는 매우 많다(보통 두께가 백과사전과 비견될 정도다). 때문에 낙찰 후 해당 사건에 대한 정보가 필요할 때는 꼭 법원 경매계에 가서 사건기록부를 열람해보자. 법원 접수계에 열람을 요청 후 담당 경매계에 가면 서류 열람이 가능하다. 법원에 따라 복사가 자유로운 곳도 있고 복사를 제한적으로 허용하기도 하는데, 필요한 서류들은 가급적 복사해 오는 것이 좋다. 필요하다면 증거자료로 쓰일 수도 있기 때문이다.

통의 인도명령신청서는 각하 또는 기각되어 버릴 수 있다는 주위 스승들의 조언 때문이었다.

그래서 그간 내가 모은 증거자료들을 첨부하여(집달관 방문기록, 공과금 내역서, 관리소장 확인서) 잔금 납부 후 인도명령신청서를 직접 접수하였다. 판결은 약 한 달 후에 떨어질 것이다.

이제 내게는 세 가지 경우가 기다리고 있었다.

① 합의가 이루어진 후, 인도명령 결정이 떨어지는 경우
② 합의가 이루어지지 않은 상황에서 인도명령 결정이 떨어지는 경우
③ 합의가 이루어지지 않은 상황에서 인도명령 신청이 각하 · 기각되는 경우

①의 경우는 원만히 해결된 것이니 문제될 것이 없고, ②의 경우는 오히려 편하다. 인도명령 결정이 났으니 가장 임차인이 다급해져 협상을 요청해 올 것이다. 만약 정 의견이 맞지 않으면 바로 집행해 버리면 그만이다.

문제는 ③이다. 인도명령이 나지 않았으니 명도를 위해서는 명도소송으로 가야 한다. 그러나 이렇게 되면 시간 · 비용 측면에서 낙찰자가 크게 불리하다.

그래서 다시 권 씨에게 전화를 했다.

"증거자료들을 첨부하여 인도명령 신청을 마쳤습니다. 대략 한 달

안에 결정이 떨어질 겁니다. 지금이라도 좋은 방향으로 합의하는 것이 낫지 않겠습니까?"

그러자 권 씨가 대답했다.

"저는 잘못한 것이 없기 때문에 상관없습니다. 정히 그렇다면 이사비용은 얼마나 생각하십니까?"

"바로 명도해 주시면 500만 원까지 생각해 보겠습니다."

잠시 생각 후 그가 말했다.

"그렇게는 어렵겠습니다. 나중에 다시 이야기하시죠."

통화가 끝난 후에야 이사비용으로 500만 원을 이야기했다는 것 자체가 인도명령에 대한 확신이 없다고 스스로 인정해 버린 것이나 다름없었음을 깨달았다.

일단 내가 할 일은 다했으니, 기다리는 일만 남았다. 인도명령 결정 2주일을 남기고 아내와 함께 1주일간 해외여행을 다녀왔다. 인천공항에 내려 휴대폰을 켜자 모르는 번호로 부재중 전화가 몇 통이나 와있었고 문자가 들어 왔다.

'권 씨 친척입니다. 상의드릴 일이 있으니 연락주십시오.'

임차인 쪽에서 먼저 연락을 해왔다는 것은 협상의 주도권이 내게로 왔음을 의미한다. 집에 돌아가 차분하게 전화를 하였다.

"저는 권 씨의 친척이고 ○○ 법원에서 근무하고 있습니다. 이사비용에 대해 상의하고 싶습니다."

"예. 그러시다면 이사비용으로 어느 정도 선을 생각하시는지요?"

"지난번에 말씀하신 금액에 조금만 더 붙여 600만 원이면 어떻겠습니까?"

"그건 인도명령에 대해 불확실할 때 제가 어쩔 수 없이 말씀드린 금액이고, 지금은 상황이 전혀 다릅니다. 이제는 200만 원 이상은 드리기 어렵겠습니다."

"제가 법원에서 근무하면서 주변 경우를 보았고 이사비용으로 너무 낮은 금액인 것 같은데 조금 더 생각해 주실 수 없겠습니까?"

"법원에서 근무하시니 더 잘 아실 텐데요. 예전처럼 이사비용 듬뿍 받아 나가는 경우가 이제는 드물지 않습니까? 저도 지금까지 이렇게 많이 드리는 경우는 처음입니다."

대리인은 상의 후 다시 연락을 주겠다며 전화를 끊었다. 이윽고 다음 날 다시 그에게서 전화가 왔다.

"그러면 중재하는 제 입장을 생각해서라도 300만 원으로 해주시면 안 될까요? 나중에 저희 법원 쪽에 일이 생기면 최대한 도와드리겠습니다."

"정 그러시다면 그렇게 해드리겠습니다. 단 이번 주 토요일까지 공과금과 이삿짐 처리를 깔끔하게 부탁드립니다."

그가 법원에 근무한다는 말은 믿지도 않았지만 인도명령 결정이 어떻게 날 것인가에 대한 불확실성이 있었기 때문에 나는 못 이기는 척 제안을 수락하였다.

약속한 토요일, 약속시간보다 조금 일찍 도착했지만 일부러 5분가량 늦게 들어가니 집은 말끔하게 치워져 있었다. 권 씨는 관리사무소에서 관리비는 정산하였는데 시간이 없어 공과금은 정리하지 못하였단다.

전기, 가스, 수도 요금 정산 부서와 통화하여 미납 공과금을 제한 후 이사비용을 건네주었다. 가장 임차인은 떠났고 그로부터 이틀 후, 월요일에 인도명령 결정이 떨어졌다. '조금만 더 기다렸으면 좋았을 걸' 하는 생각도 들었지만, 좋은 경험으로 그 정도에서 해결한 것이 다행이라고 생각했다.

아마 권 씨도 여러 사람을 통해 알아본 후, 인도명령 결정을 예상되자, 급하게 협상에 응한 것이리라. 어쩌면 대리인이 정말 그 법원에 근무했을지도 모르겠다.

부주의로 인해 꽤 곤경을 겪었지만, 장래가 유망한 고읍지구 내에

 Special Tip

인도명령

인도명령 결정을 언제까지 내려야 한다는 정확한 법률이나 예규가 없어, 결정기일은 법원마다 차이가 있다. 일반적인 경우 배당기일을 전후하여 결정문이 통지되는데, 단일 물건인 경우 배당기일은 통상 잔금 납부기일 후 30~40일 후로 결정된다. 인천이나 부천 쪽은 그보다 훨씬 빠르게 잔금 납부 후 2주 안팎이면 인도명령이 결정되는 경우가 많다. 서울은 보통 배당기일 후에야 인도명령 결정이 난다. 경기도나 충청도, 대전 등은 그 중간이라고 생각하면 된다.
이는 세입자 보호와 낙찰자 보호라는 두 명분 사이에서 어느 쪽에 더 비중을 두느냐에 관련된 결정인데, 서울은 임차인 권익 보호에 더 큰 무게를 둔 것이고, 인천이나 부천은 낙찰자 권리를 조금 더 중시한다고 볼 수 있다.

그럴 듯한 아파트를 좋은 가격에 매입하게 되었다. 그날 즉시 몇 번 거래를 했던 인테리어 업체를 불러 도배와 장판을 새로 하고 주변 부동산에 임대를 내놓았다. 이틀 후 번호키 업체에 의뢰하여 디지털 도어락을 설치했고 시공 중에 설치 방법도 열심히 배웠다.

다행히 명도 후 일주일 만에 부동산에서 계약하자는 전화가 왔다. 그렇게 임대 과정은 수월하게 진행되었고, 양주신도시나 고읍지구의 아파트 시세상승 뉴스가 나올 때면 흐뭇한 미소를 짓곤 한다.

같은 경우였더라도 사전 준비를 마치고 입찰하였다면, 이 물건도 위험 없는 투자가 될 수 있었지만 내 부주의로 큰 낭패를 겪을 뻔했다. 다시 한 번 강조하지만, 충분히 준비한 자에게 경매는 위험 없는 투자 방식이지만, 그렇지 않은 경우에는 위험천만할 수 있다. 독자들은 현명하고 안전한 투자만 하길 거듭 희망한다.

전세금 1억으로
내집마련에 성공하다

순자산×3을 목표로 시작하라

· 내 집이 정말 갖고 싶다면, 순자산×3의 금액에 맞는 집을 찾아라.

자기 집에 살지 않는 대한민국의 많은 가정들이 그러하듯, 2006년 후반부에 들면서 우리 부부도 내집마련에 대한 구상을 시작했다. 물론 2005년에 분양받은 동탄신도시 분양권이 있긴 했지만, 입주가 2008년 10월이기 때문에 머나먼 훗날 일이라 여겨졌다. 그 전에 서울에 꼭 내 집을 마련하고 싶었다. 이미 경매를 통해 인천 오피스텔 3건을 낙찰받은 경험이 있어 나름의 자신감도 생긴 상황이었다.

매입 예상 금액대는 1억 5,000만~2억 원 선. 그 정도 금액이면 낙찰가의 60~70% 잔금 대출을 받았을 때, 나머지 자기부담 금액이 전세금 1억 원으로 충분했기 때문이다.

우리 부부는 회사 출퇴근이 양호한 양재동에 살고 있던 터라 일단 그 근방 물건을 찾아보았다. 가까우면 답사를 다니기도 좋고 정보 수집에서도 확실히 유리하기 때문이다. 하지만 앞서 언급한 바와 같이 양재동 근방은 삼성전자와 LG전자 신사옥 입주와 재개발 소문 등의 영향으로 아파트와 빌라 가격이 모두 2005~2006년에 큰 폭으로 올랐다.

내가 입찰하려던 시기에도 양재동 빌라는 높은 경쟁률과 감정가

Special Tip

다른 부동산들이 오르는 동안 소외되어
상대적 가격 메리트가 부각되는 분야는?

부동산 가격 붐은 아파트 → 다세대, 빌라 → 오피스텔 순으로 이어지고 있다. 그래서 2008년 현재는 서울 지역에서 괜찮은 주거용 물건은 거의 대부분 낙찰가가 시세에 육박한다. 심지어 시세를 넘어서는 경우도 빈번하다.

지금 투자한다면 어떤 물건을 보는 것이 좋을까? 수도권 비과열 지역 내 발전 가능성이 높은 주거용 부동산이나(수원, 일산, 안산 등), 굳이 서울을 생각한다면 서울 내에 있는 우량 상가나 사무실형 공장이 유망하리라 본다. 몇 년 전과 비교해 볼 때 낙찰가 상승률이 가장 작은 분야가 상가. 상가는 실수요자가 투자하는 경우가 드물고 대부분 투자 목적이기 때문에 입찰가에 거품이 끼기 어렵고, 낙찰 후 명도 과정이 주거용 부동산에 비해 까다롭다. 때문에 상가는 큰 호재가 있는 경우가 아니면 서울 지역 내에서도 시세 대비 30~70% 선으로 낙찰되는 경우가 대부분이다.

2008년 들어 주목받고 있는 오피스텔 투자가 이미 과열 징후를 보이고 있고, 임대료 상승을 견디지 못한 많은 기업들이 사무실형 공장으로 이전하고 있다. 사무실형 공장은 입주 기업들에게 상당한 세재 혜택을 포함하는 경우가 많고, 임대료나 관리비가 일반 오피스에 비해 매우 저렴하기 때문에 임대 수요가 꾸준하고 향후 발전 가능성 또한 높다.

를 훨씬 웃도는 낙찰가를 기록할 정도로 인기 종목이었다.

그래서 양재동을 포기한 후, 광진구 지역 빌라, 동대문구 부근 나홀로 아파트나 빌라, 혜화동 부근 빌라, 도봉구 지역 대단지 아파트, 서대문구나 은평구 부근 나홀로 아파트 및 빌라 등을 살펴보았다.

강서나 강남 지역을 제외한 대부분의 지역이 포함되었는데, 강남 지역은 말할 것도 없거니와 강서 지역은 목동을 비롯하여 이미 상당한 시세상승이 이루어졌기 때문에 제외하였다. 이른바 당시 버블세븐으로 지목되던 지역은 최대한 배제하고, 지금까지는 가격상승이 적었으나 향후 발전 가능성은 큰 지역을 중심으로 선택하였다.

내게 맞는 경매물건을 찾아라

· 2005년까지만 해도 어느 누구도 빌라를 거들떠보지 않았다.
· 비싼 부동산 보며 한숨 쉬지 말고, 내 자산규모에 부동산을 맞추어라.

내 집으로 만들고 싶은 물건을 쭉 선별한 후, 인터넷 상에서 시세조사를 했다.

대단지 아파트의 경우 시세가 상당히 투명한 편이다. 향이나 층에 따라 가격 차이는 있을지언정 그 규칙이 상당히 분명하고 가격이 추세를 크게 벗어나지 않는다. 하지만 빌라는 한 지역 내에서도 가격 차이가 상당히 크다.

동일 지역에 위치하더라도 건축연도, 건설방식, 구조 등 모든 면이 다른 각각의 독립적 건물이기 때문이다. 그러므로 빌라인 경우

가격조사를 더 세심하게 해야 한다.

　이제부터 당시 내가 입찰을 고민하였던, 혹은 입찰하였던 물건들의 당시 낙찰가와 2008년 상반기 현재 유사 물건의 낙찰가를 비교해 해당 지역의 투자가 어느 정도의 수익률을 가져올 수 있었는지 서술해 보려 한다.

　첫 번째는 광진구 빌라다. 당시에는 대부분 지역이 빌라여서 전반적인 시세는 높지 않았다. 하지만 강남 접근성이 좋고, 지하철도 상당히 잘 갖춰진 지역이어서 마음에 들었다. 다만 2006년 후반부터 경매 시장에서 이 지역이 상당히 주목받기 시작한 것이 부담이었다.

　아내와 광진구 지역을 무던히도 돌아다녔다. 부동산 공인중개사무소에 들러 이집저집 구경도 많이 했다. 빌라는 옆 건물이라 하더라도 내부 구조나 향 등이 크게 다르기 때문에 입찰하려는 집을 확인하는 것이 반드시 필요했다.

　하지만 낙찰도 받기 전에 해당 집을 방문하면 호의적으로 집 내부를 보여주는 경우는 상당히 드물다. 특히 세입자가 아닌 채무자 겸 주인이 거주하고 있다면 쉽게 내부를 확인하는 것은 포기하는 편이 낫다.

　이럴 때는 양해를 구하여 구조가 같은 다른 집을 확인하는 것이 차선책이다. 만약 301호를 입찰하려 한다면 방향이 다를 가능성이 높은 302호보다는 같은 라인의 201호나 401호를 확인하는 편이 낫다. 그렇게 해서 뽑았던 집 중 하나가 다음 물건이다.

경매물건 비교1 - 광진구 빌라(2006년)

2006 타경 ○○○○		서울특별시 광진구 중곡동 ○○○-○○ xx빌 11차 401호					서울동부지방법원 경매6계
물건종류	다세대(빌라)	감정가	200,000,000원	회차	입찰기일	최저매각가	결과
건물면적	77.8㎡(23.5평)	최저가	160,000,000원	1	2006-11-06	200,000,000원	유찰
대지권	45.3㎡(13.7평)	보증금	16,000,000원	2	2006-12-11	160,000,000원	매각
매각물건	토지/건물 일괄매각	소유자	김○○				196,000,000원
사건접수	2006-05-16	채무자	김○○				입찰인 수 : 4명
입찰방법	기일입찰	채권자	이○○				

대지권	비율	지분	면적	감정가
	347.8㎡ 분의 45.3㎡	대지권	45.3㎡(13.7평)	80,000,000원
건물	해당 층	전용면적	구조	감정가
	4층 401호	77.8㎡(23.5평)	철근콘크리트조	120,000,000원
감정평가	○○○감정평가사 2006-05-23		합계	200,000,000원
입지 및 교통	용마초등학교 남동측 인근에 위치 / 주위 도로변은 소규모 점포 및 주택이 소재하고 도로 후면은 공동주택 및 단독주택이 혼재된 일반주택 지대 / 제반 차량출입 가능하고, 대중교통편은 시내버스 정류장과 지하철역(5·7호선 군자역)이 인근에 소재 / 도시지역 / 제2종 일반주거지역(7층 이하)			
기타사항	이용상태(방3, 거실, 주방 겸 식당, 욕실2, 발코니 등) / 도시가스에 의한 개별난방 시설, 급배수 및 위생시설, 주차장시설			

입찰이 2006년 12월이었는데, 이 날은 초겨울답지 않게 날이 꽤 추웠던 것으로 기억한다. 이 물건의 당시 부동산 시세는 2억 1,000만~2억 2,000만 원 선이었다. 전용면적 77.8제곱미터(23.5평)면 보통 말하는 92~99제곱미터(28~30평형)로 보면 된다. 5·7호선 군자역과 가까운 데다 완공된 지 몇 년 지나지 않아 건물도 깨끗한 편이었다.

다만 소유자가 점유하고 있었기 때문에 낙찰을 받는다 해도 어느 정도의 이사비용을 생각해야 하는 상황이었다. 때문에 1억 9,000만 원대

경매물건 비교2 - 광진구 빌라(2008년)

2007 타경 ○○○○			서울특별시 광진구 중곡동 ○○○-○○ 3층 301호				
물건종류	다세대(빌라)	감정가	190,000,000원	회차	입찰기일	최저매각가	결과
건물면적	72.41㎡(21.9평)	최저가	190,000,000원	1	2008-03-24	190,000,000원	매각
대지권	40.4㎡(12.2평)	보증금	190,000,000원				261,750,000원
매각물건	토지/건물 일괄매각	소유자	오○○				입찰인 수 : 15명
사건접수	2007-11-19 채무자	채무자	오○○				
입찰방법	기일입찰	채권자	오○○				

대지권	비율	지분	면적	감정가
	395.4㎡ 분의 40.4㎡	대지권	40.4㎡(12.2평)	76,000,000원
건물	해당 층	전용면적	구조	감정가
	3층 301호	72.4㎡(21.9평)	철근콘크리트조	114,000,000원
감정평가	○○○감정평가사 2008-01-12		합계	190,000,000원
입지 및 교통	용마초등학교 남동측 인근에 위치 / 인근은 다세대 주택 및 도로변 점포, 소규모 아파트들이 혼재 시내버스 정류장과 지하철역(5·7호선 군자역)이 인근에 소재하여 제반 교통여건은 무난 / 도시 지역 / 제2종 일반주거지역(7층 이하)			
기타사항	이용상태(방3, 거실, 주방 겸 식당, 욕실2, 발코니 등) / 도시가스에 의한 개별난방 시설, 급배수 및 위생시설			

초반의 입찰액을 적어 냈다. 그러나 300만 원 정도 차이로 떨어졌다. 발전가능성도 뛰어날 뿐 아니라 우리 부부가 거주하기에도 훌륭한 물건이었기에 아쉬움이 컸다. 이 물건과 함께 광진구 지역에 세 차례 입찰을 했지만 모두 낙찰받지 못했다.

두번째 2008년 최근의 낙찰 사례다. 2006년 광진구 빌라와 매우 가까이 있고 건축연도도 비슷했다. 건물 면적이나 대지권은 2006년 물건이 조금 더 크다. 때문에 객관적으로 비교하면 2006년 물건이 조금 더 낫다고 볼 수 있었다.

하지만 낙찰가는 불과 1년 3개월 만에 6,500만 원가량 상승했다. 1년여 만에 30% 이상의 상승률을 기록한 것이다.

만약 이 물건을 내가 낙찰받았다면 1억 2,000만 원 정도의 대출을 받아 8,000만 원가량의 자기자본 투자를 하였을 것이다. 그러면 8,000만 원을 투자해서 15개월 만에 6,500만 원의 차익이 생긴다. 그간의 세금과 이자비용을 감안하더라도 5,000만 원 이상의 수익이 생기기 때문에 62.5%의 수익을 얻을 수 있었던 것이다. 역시나 투자에 있어서 지렛대 효과를 잘 이용하면 보다 큰 수익을 거둘 수 있다는 교훈을 얻을 수 있었다.

세 번째는 동대문구 장안동의 전용면적 69.36제곱미터(27평형) 나홀로 아파트다. 이 물건은 두 동으로 구성된 5층짜리 소규모 아파트였다. 2004년에 완공되어 건물도 오래되지 않았고 도심과도 가까워 향후 발전성이 많아 보여서 여러 모로 조사를 했더랬다. 한 사건에 여러 개의 물건이 한꺼번에 진행되는 경우였는데, 다음 표에 기재된 물건번호 3번뿐 아니라 면적과 향이 다른 물건번호 1번과 4번도 같이 살펴보았다.

시세조사를 마치고 해당 호수를 방문하니 거주하고 있는 세입자가 친절하게 설명해 주었다. 건물 입지나 교통, 편의 시설 등은 불편함이 없었지만 처음 시공할 때부터 튼튼하게 짓지 않아 입주한 지 1

경매물건 비교3 - 동대문구 나홀로 아파트(2006년)

2006 타경 ○○○○ (물번3)	서울시 동대문구 장안동 ○○○-○○ xx빌 101동 503호						서울동부지방법원 경매6계
물건종류	다세대(빌라)	감정가	190,000,000원	회차	입찰기일	최저매각가	결과
건물면적	69.36㎡(20.99평)	최저가	121,600,000원	1	2006-12-26	190,000,000원	유찰
대지권	35.3㎡(10.68평)	보증금	12,160,000원	2	2007-01-29	152,000,000원	매각
매각물건	토지/건물 일괄매각	소유자	○○교회	3	2007-02-26	121,600,000원	142,500,000원
사건접수	2006-02-22	채무자	송○○				입찰인 수 : 2명
입찰방법	기일입찰	채권자	○○농협				

대지권	비율	지분	면적	감정가
	710.7㎡ 분의 35.3㎡	대지권	35.3㎡(10.68평)	76,000,000원
건물	해당 층	전용면적	구조	감정가
	5층 503호	69.38㎡(20.99평)	철근콘크리트조	114,000,000원
감정평가	○○○감정평가사 2006-05-13		합계	190,000,000원
입지 및 교통	장편중학교 북측 인근에 위치 / 차량 접근 가능하고 인근의 장한로에서 버스 등 일반 대중교통 이용 가능 / 인근은 중소 규모의 공동주택과 단독주택, 도로변 근린시설 등이 소재하는 주거지역 / 남측으로 약 6미터와 남동측으로 약 6미터 도로와 접함 / 일반주거지역(제2종) / 도시기타용도지역지구기타 (다세대 전환 허가제한구역)			
기타사항	위생설비, 가스보일러에 의한 개별난방 설비, 자동승강기, 지하주차장 설비			

년도 못되어 작은 방에 갈라짐이 생기고 화장실 천장이 새는 등, 건물 자체에 문제가 많다는 설명도 들었다.

실제 방과 화장실을 보니 작은 문제가 아니었다. 낙찰받는다면 어느 정도 수리비용을 각오해야 할 뿐 아니라, 우리집뿐 아닌 건물 전체적으로 하자 보수가 필요할 것으로 보였다. 하지만 채광이나 그밖 여건은 좋아 보였다.

그때 세입자가 '주인과 연락을 하고 있으니, 만약 원한다면 대출을 승계하고 선순위 보증금을 안는 조건으로 매수를 하고 경매를 취하하면 어떻겠냐'는 제의를 했다. 당시 그 집에 걸린 대출액은 대략 7,500만 원이고, 선순위 세입자의 보증금은 9,000만 원이었다. 그 금액을 모두 인수하면 1억 6,500만 원에 매입하는 셈이었다.

만약 이 집을 매입 후 급매로 팔았을 때, 1억 6,500만 원을 상당히 상회한다거나(세금 등을 제하고도 이익이 남을 만큼), 매입 시 시세와 비슷하지만 발전 가능성이 커 가격이 급등하는 지역이라면 이 전략은 상당히 유효하다.

대출과 보증금을 승계하는 조건으로 매수한다면 돈 한 푼 안 들이고 집을 매수할 수 있는 기회가 되는 셈이다(물론 취득을 위한 세금과 절차 비용은 소요된다). 경매가 한참 진행되다가 막바지에 갑자기 취하되는 물건들 중 이런 경우가 상당히 많다.

단, 인수해야 할 실제 총 채권액이 시세보다 낮은 경우에만 가능한 전략이다(인수 금액이 2억 원인데 시세가 1억 5,000만 원이라면 매수자가 5,000만 원 손해를 보는 셈이므로).

부동산을 통해 알아본 해당 지역 시세는 1억 5,000만~1억 6,000만 원 선이었다. 고민 끝에 이 물건은 인수하지 않기로 했다. 내 판단으로는 앞서 기술한 집 자체의 하자 때문에 입찰하는 사람이 적어 경매가가 시세보다 충분히 낮을 것이라 생각했기 때문이다.

그때가 1월 중순으로 2회차 입찰 전이었고 나는 한 번 더 유찰될 것으로 생각했다. 생각대로 유찰되긴 했지만 결국 3회에는 입찰하

'낙찰'이 아닌 '협상'을 통한 경매물건 매수법

2008년 5월에 미래에셋(맵스자산운용)에서 미국 샌프란시스코에 있는 총 규모 3,750억 원짜리 씨티빌딩을 부채를 떠안고 1,320억 원에 인수했다는 발표가 있었다. 씨티그룹 입장에서는 부채를 줄여 유동성 위기설에 휩싸인 기업 체력을 강화하고 수익성을 높일 수 있다는 측면에서, 미래에셋은 '부채 인수'를 통해 막대한 매입 자금을 한 번에 마련하는 것에 따른 부담을 상당 부분 줄일 수 있다는 측면에서 서로 좋은 거래를 한 것으로 보인다.

물론 어려움에 처해 있는 편이 씨티그룹 쪽이었으니 협상을 통한 이득은 미래에셋 측이 더 크게 보았을 것이다(씨티그룹이 협상에서 가장 중시한 것은 '매각 이익'이 아닌 '유동성 확보'일 것이고 미래에셋은 '취득 이익'을 제1명제로 삼았을 것이다).

개인 간 거래에서도 유사한 케이스가 빈번하다. 해당 부동산이 경매로 넘어갈 정도라면 소유자도 상당히 조급한 상황이거나 거의 포기하고 있는 상황인 경우가 많다. 이때 채권을 안고 일부 매각대금을 받을 수 있다면 소유자 측에서도 이익인 셈이다. 그래서 협상 방법에 따라, 시세는 물론 급매가보다 낮게 구입할 수 있는 경우도 상당히 많다.

2007년 이후로 아파트뿐 아니라 빌라들도 경매 시장에서 경쟁률이 치열해지면서 낙찰가도 거의 시세에 근접하거나 시세를 훌쩍 넘는 경우가 상당하다. 이 전략을 잘 활용한다면 치열한 경쟁 속에 낙찰을 위해 높은 가격을 쓰는 대신에, 저렴한 가격에 남들보다 앞서 좋은 부동산을 매수할 수 있을 것이다.

경락을 통한 매수가 아니라 정식 계약을 통한 매매이기 때문에 이사비용이나 명도 등으로 신경 쓰지 않아도 되고, 부동산 인도 기간이 짧다는 점도 큰 장점이다. 그래서 실제로 어떤 집이 경매로 나왔을 때, 근저당 등 채권액이 매매가보다 높지 않다면 소유자와 접촉하여 직접 매수 방법을 써보는 전략이 상당히 유효하다.

지 않았다.

이 물건에 대해 나는 낙찰을 받는다면, 어떻게 해서든 잘 수리해서 살 수 있을 것이라 생각했다. 그리고 다른 지역에 비해 저렴한 가격도 메리트였다. 그러나 아내는 건물에 벌써 금이 가 있고 물이 조금씩 새는 등 문제가 있는 집에 들어가고 싶지 않다는 이유로 반대했다. 또한 건물 자체에 금이 갔다는 것은 우리가 살 집 내부만 수리해서 해결될 문제가 아니라고도 했다.

내가 경매를 통해 내집마련을 하려는 이유가 우리 부부의 발전과 행복을 위해서인데 굳이 아내의 반대를 뿌리치고 강행하고 싶지는 않았다.

2007년 후반기 이후로 동대문구 장안동 근방에 비슷한 면적의 낙찰사례가 없어 비교 물건은 올리지 않았다. 다만 조사한 바에 따르면 이 물건의 2008년 현재 시세는 1억 7,000만 원 선이라 하니, 만약 낙찰을 받았다면 수리비용 등을 제하고도 어느 정도 수익은 있었을 것이다. 하지만 이 물건을 매입함으로써 다른 물건을 잡지 못하는 기회비용을 생각하면 역시 매입하지 않은 것이 좋은 판단이었던 것 같다.

네 번째는 도봉구 쌍문동의 전용면적 71.22제곱미터(24평형) 아파트의 사례다. 노원구 중계동 · 상계동 지역과 유사하게 쌍문동 지역도 1990년대에 대단지 아파트들을 많이 건립한 지역이다. 그러나 교통이 불편하여 도심 접근성이 떨어지고 교육여건도 상대적으로 안좋아 지난 20년간 집값 상승에서 철저하게 소외된 지역이었다.

경매물건 비교4 - 도봉구 아파트(2007년)

2005 타경 ○○○○					서울특별시 도봉구 쌍문동 ○○아파트 1층103호			서울동부지방법원 경매6계
물건종류	아파트	감정가	140,000,000원	회차	입찰기일	최저매각가		결과
건물면적	71.22㎡(21.54평)	최저가	140,000,000원	1	2007-01-22	140,000,000원		낙찰
대지권	35.0197㎡(10.59평)	보증금	14,000,000원					
매각물건	토지/건물 일괄매각	소유자	이○○					161,680,000원
사건접수	2005-06-15	채무자	이○○					입찰인 수 : 3명
입찰방법	기일입찰	채권자	○○은행					

대지권	비율	지분	면적	감정가
	17,600㎡ 분의 35.0197㎡	대지권	35.0197㎡(10.59평)	
건물	해당 층	전용면적	구조	감정가
	1층103호	71.22㎡(21.54평)	철근콘크리트조	140,000,000원
감정평가			합계	140,000,000원
입지 및 교통	창경초등학교 서남측에 위치 / 시루봉길에서 약 400미터 상거한 소로변에 위치하며 다소 불편함 / 북측으로 포장도로에 접함 / 도시지역 / 제3종 일반주거지역			
기타사항	이용상태(방3, 거실, 주방 겸 식당, 욕실2, 발코니 등) / 도시가스에 의한 개별난방 시설			

당시 서울에서 2억 원 아래로 장만할 수 있는 대단지 66제곱미터 (20평)대 아파트는 노원구, 도봉구, 은평구 일부 지역뿐이었다. 아무리 새 건물이고 구조를 잘 배치하였다 하더라도 빌라보다는(재건축·재개발 예정지가 아니라면) 대단지 아파트가 시세 탄력 면에서 월등하기 때문에 도봉구 지역에 나온 경매 물건들을 많이 체크했었다.

나는 다른 여건은 차차 좋아질 것이고, 이 가격대에 서울에 입지한 이 정도 아파트면 언젠가는 충분히 오르지 않겠냐는 생각을 갖고 있

57

었다. 그러나 아내는 아무리 대단지 아파트라도 회사까지 출퇴근하기가 어렵고, 특히 업무상 강남 부근에 갈 일이 많은데 집에서 강남으로 가기는 더더욱 어렵다며 반대하는 입장이었다.

우리는 많은 대화 끝에 이 아파트를 1억 5,000만 원 선에서 입찰하기로 결정하였다. 완공된 지 10년이 훌쩍 지난 아파트여서 낙찰을 받는다면, 입주 전 내부보수 비용을 넉넉하게 1,000만 원 정도로 잡아 총 매입비용은 1억 6,000만 원(±500만 원)으로 계획하였다.

물론 낙찰 후 대출을 70% 받아서 실투자금액은 매입비용 5,000만 원+수리비용 1,000만 원 선으로 추산하였다.

당시 이 아파트 79제곱미터(24평형) 시세가 1억 7,000만 원에서 2억 원 선이었고, 이 물건은 1층이기 때문에 1억 7,000만 원으로 볼수 있었다.

그리고 이 지역은 사람들이 별로 선호하는 지역이 아니었기 때문에 경쟁이 그리 치열해 보이지도 않았다. 나는 첫 회 입찰이기도 해서 1억 5,400만 원을 적어서 입찰하였다. 나를 포함 3명이 입찰하였는데, 1억 6,200만 원 정도를 적은 사람이 있어 아쉽게 떨어졌다.

다음은 정확히 1년 후인 2008년 도봉구 아파트의, 같은 동, 같은 1층, 같은 면적, 바로 옆 줄에 나온 물건의 경매 결과를 살펴보자.

꼭 1년 만에 낙찰가가 3,000만 원 올랐다. 그리고 입찰인 수도 꽤늘었다. 본 건이 낙찰될 때가 도봉구 아파트 폭등기 초반 즈음이다. 이후에는 경매에 나왔던 물건들도 아파트 시세가 큰 폭으로 상승함

경매물건 비교5 - 도봉구 아파트(2008년)

2007 타경 ○○○○			서울특별시 도봉구 쌍문동 ○○아파트 1층101호					서울동부지방법원 경매6계
물건종류	아파트	감정가	205,000,000원	회차	입찰기일	최저매각가		결과
건물면적	71.22㎡(21.54평)	최저가	164,000,000원	1	2007-12-03	205,000,000원		유찰
대지권	35.0197㎡(10.59평)	보증금	16,400,000원	2	2008-01-07	164,600,000원		낙찰
매각물건	토지/건물 일괄매각	소유자	이○○					192,570,000원
사건접수	2007-08-02	채무자	이○○					입찰인 수 : 12명
입찰방법	기일입찰	채권자	○○은행					

대지권	비율	지분	면적	감정가
	17,600㎡ 분의 35.0197㎡	대지권	35.0197㎡(10.59평)	61,500,000원
건물	해당 층	전용면적	구조	감정가
	1층 101호	71.22㎡(21.54평)	철근콘크리트조	143,500,000원
감정평가	○○○감정평가사 2007-08-10		합계	205,000,000원
입지 및 교통	창경초등학교 서남측에 위치 / 시루봉길에서 약 400미터 상거한 소로변에 위치하며 다소 불편함 / 북측으로 포장도로에 접함 / 도시지역 / 제3종 일반주거지역			
기타사항	이용상태(방3, 거실, 주방 겸 식당, 욕실2, 발코니 등) / 도시가스에 의한 개별난방 시설			

에 따라 모두 취하되었다.

그리고 2008년 상반기 현재에는 앞의 경매 시점보다 가격이 더 상승하여 매매가가 최소 2억 3,000만 원 이상이다. 만약 낙찰되었다면 1년 남짓한 기간에 7,000만 원 정도의 시세상승을 맛볼 수 있었던, 아주 아쉬운 물건이었다.

이와 같은 사례에서 알 수 있듯이, 과거의 상승이 현재의 상승을 보장해 주지 않고, 반대로 과거에 소외되었다고 미래에도 여전히 소외되는 것만은 아니다. 한국 최고의 우량주가 삼성전자나 포스코라고 해서 늘 상승만 하는 것은 아니지 않은가. 반면 코스피나 코스닥에서 큰 규모는 아닐지라도 건실한 수익을 내는 회사의 주식을 침체기에 매입해 두면 머지않은 시점에 큰 시세차익을 보는 경우가 허다하다.

-- Special Tip

한산할 때 매입을 고려하고 북적일 때 매도를 생각하라

사례들을 보면 도봉구 지역을 제외하고는 입찰 물건이 대부분 빌라였다. 당시까지 널리 퍼져 있었던 인식은 '빌라는 매입 시점부터 가격이 하락하지 결코 오르지 않는다' 라는 것이었고, 주위 사람들도 그런 충고를 많이 하였다. 그럼에도 불구하고 빌라를 선택한 이유는 단 한 가지, '싸다' 는 것이었다.

1990년대 후반, 2002년 등에 다세대나 빌라 건축이 폭발적으로 늘면서 빌라 공급이 늘어 장기간 가격침체가 지속되었다. 이후 수년간, 고가 아파트 분양은 활발하되 서민용 주택인 빌라 공급은 크게 줄어 다시 시세상승이 가능하다는 수요 · 공급 이론을 굳이 따지지 않더라도, 내가 '싸다' 라고 느끼면 다른 사람들도 시점의 차이는 있을지언정 같은 느낌이 들 것이다.

언제가 될지는 아무도 모르겠지만 앞으로 빌라도 거주는 물론 투자 목적으로 훌륭한 수단이 될 것이다. 99제곱미터(30평형)대 압구정 현대아파트는 12~15억 원을 호가하는데, 그 맞은편 신사동 빌라는 같은 면적이 3~4억 원에 불과하다. 신축하여 내외부도 깨끗한 빌라인데도 그렇다. 아파트와 빌라라는, 소비자 선호도 이외에 차이점이 별로 없다고 본다면 이것은 비정상적 가격 왜곡 아닐까?

결과적으로 2007년에 마침내 수도권 내의 빌라 가격은 큰 폭으로 상승하였고 2008년에도 그 상승세는 그치지 않고 있다.

주택도 마찬가지다. 누가 뭐라고 하든 서울에 있는 주택은 모두 우량주이자 가치주다. 강남이나 용산처럼 대형 우량주도 있고, 아직 가격상승이 덜 된 소형주도 있겠지만 적어도 향후 30년간은 서울 안에 있는 주택의 가치는 절대 떨어지지 않을 것이다.

서울 지역이 충분히 오른 후에는 그 주변 지역에 파급되어 수도권까지도 상당한 영향을 끼치지만, 기본적으로 최고 가치주·우량주는 서울 안의 대지지분을 갖는 주택이다(상가나 기타 수익형 부동산은 예외 사례가 상당부분 존재하기 때문에 주택으로 한정했다).

위의 '서울의 주택 가치가 떨어지지 않는다' 라는 대목에서 혹시 오해하는 분이 없길 바란다. 내가 전하고 싶은 의미는 '가치' 이지 '가격' 이 아니다.

낙찰, 그것이 끝이 아니다

· 나홀로 아파트면 어때? 살기 좋은데.
· 게임의 주도권을 쥔 상태에서 상대방을 선의로 대하면 상대방도 배신하지 않는다.

우리 부부는 결국 은평구의 나홀로 아파트를 낙찰받았다. 2006년 12월부터 시작된 내집마련은 3달 만에 이루어졌다. 19세대의 빌라 규모의 아파트이고 은평구의 맨 끝자락으로 역세권과도 거리가 멀어서 투자목적으로는 조금 부족한 느낌도 있었다. 그럼에도 불구하고 이 집은 여러 가지 장점을 지니고 있다.

① 크다.

② 싸다.

③ 자연환경이 뛰어나다.

④ 준공 1년 반밖에 안 된 새 집이다.

⑤ 매매 시세가 뚜렷하지 않다.

일단 112제곱미터(34평형, 전용면적 25.4평)로 널찍했다. 최저가가 1억 4,000만 원 선(3.3제곱미터당 440만 원 선)으로 '아무리 빌라라도 서울에 이 정도 규모에 이 가격이라면' 하는 생각이 들 정도였다. 또한 집 바로 앞(베란다 전면)에 산이 있어서 늘 녹음이 우거지고 공기가 아주 좋다는 점도 큰 강점이었다.

요즘엔 일부러 공기 좋은 곳을 찾아 수도권 외곽에 가서도 사는데, 서울 시내에 그 정도 공기 좋은 곳은 찾기 어려울 정도였다. 새 집이고 구조도 좋아 아내도 흡족해했다.

마지막으로 가격 측면에서의 메리트인데, 이 집은 주위 부동산도 가깝지 않고 매매 사례가 거의 없어 부동산을 다니며 물어보아도 정확한 시세를 아는 곳이 없었다. 이 점은 매입 후 즉시 팔기 위한 목적이라면 단점이지만, 그만큼 싸게 매수할 수 있다는 점에서 내게는 큰 장점이었다.

시세가 정확히 뜨는 대단지 아파트들은 낙찰가도 거의 시세에 근접하거나 오히려 시세를 넘는 경우도 허다하다. 시세가 분명치 않으면 그 불확실성 때문에 높은 가격을 쓰는 이가 드물기에 나는 기회로 본 것이다.

결국 1억 5,500만 원 선에서 낙찰되었다. 2등과 500만 원가량 차이가 나서 조금 서운한 마음도 들었지만 마음에 드는 집을 충분히 싸게 샀기 때문에, 그리고 이 가격이면 우리가 살다가 충분히 제값을 받고 팔 수 있으리란 확신이 있었기에 기분 좋게 명도 준비를 하였다.

신고된 세입자는 두 명이었고 두 명 모두 후순위였다. 그리고 각각 보증금이 2,000만 원, 1,500만 원이어서 가장 임차인이 아니라면 1,600만 원과 1,500만 원씩 배당받을 것으로 보이므로 명도도 수월할 듯했다.

Special Tip

경매로 내 부동산 싸게 사기

경매를 통한 저가매수 효과를 극대화하기 위한 방법 중 하나는 가격 투명성이 낮은 부동산을 선택하는 것이다. 대단지 아파트일수록, 거래가 활발할수록 가격 투명성은 높아지고, 시세확인이 용이해진다. 내가 조사할 때도 시세조사가 쉽지만, 다른 사람에게도 마찬가지다. 때문에 가격이 투명하면 틀림없이 그 시세를 반영한 금액이 낙찰가가 된다.

실제 거주를 위한 실수요자는 받아들일 수 있을지언정, 투자 목적으로 접근하려면 이런 케이스는 별 재미가 없다. 그러므로 투자 수익률을 높이기 위해서는 가격 확인이 쉽지 않은 부동산을 고르는 것이 필요하다. 다세대나 다가구 주택 같은 경우는 옆집이라 해도 시세가 제 각각이라 시세 확인이 쉽지 않은 편에 속한다. 나홀로 아파트, 상가, 토지 등도 모두 현장 확인과 정확한 조사를 통해서만 시세 예측이 가능한 부동산들이다. 이런 부동산들은 조사할 때 나에게 수고롭지만, 그 수고 뒤에는 즐거운 초과 이득이 기다린다.

전입신고일자가 비슷해서 가족이 아닐까 하는 생각도 들었지만, 성이 다른 남자 둘이어서 일단 가족은 아닐 거라 생각하며 낙찰 당일에 방문하였다.

보통 낙찰 후 그 집을 방문해 단 번에 점유자를 만나는 경우는 많지 않다. 다들 일이 있기 때문에 낮에는 집이 비어있기 십상이다. 그렇다고 초면에 밤 시간에 가는 것도 내키지 않아, 나는 보통 낙찰 당일 오후에 방문한다. 역시 이 집도 비어 있었고, 옆집에 물어보니 젊은 사람들이 사는데 주로 오후에 나가서 새벽에 들어온다고 했다.

'안녕하십니까. 낙찰자입니다. 상의할 것이 있어 방문했는데 부재중이군요. 쪽지를 보면 연락주십시오.'

이렇게 쪽지를 남기고 돌아왔다. 굳이 위압적으로 보이지 않게, 그렇다고 쉬워 보이지도 않게 용건만 짧게 남겼다.

다음날 전화가 왔다. 50대로 보이는 남자 목소리였다. 주말 오후에 그 집에서 만나 이야기하기로 약속을 잡았다. 당일에 아내와 방문했는데, 아내는 벌써부터 장롱과 세간 위치를 잡아야 한다고 줄자를 챙겼다. 집 내부는 생각보다 훨씬 깨끗했다.

50대 아저씨는 근처에 부인과 따로 살고 있었고, 여기에는 대학생 남매와 그 친구가 살고 있었다. 청소가 안 되어 있어 내부는 어지러운 편이었지만, 주방도 깨끗했고 특별히 손 볼 것도 없어 보였다. 양해를 구한 후, 내부를 찬찬히 뜯어보고 줄자로 사이즈도 쟀다. 이제 내가 이 집의 소유자라는 것을(사실 아직 소유자는 아니지만) 보여주기 위한 목적도 있었다.

소파에 앉아 아저씨와 대화를 나눴다. 애들이 크면서 세를 얻어 주기 위해 알아보던 중 이 집을 소개받았고, 이미 선순위 근저당이 많이 잡혀있어서 세입자들이 보증금을 걸고 들어오기를 꺼려 하는 상황이었단다.

아저씨도 마찬가지 상황이었는데, '가족이 아닌 두 명이 각각 임대차 계약을 맺고 전입신고, 확정일자를 받으면(그렇게 보증금을 쪼개면) 나중에 경매에 넘어가더라도 각기 배당을 받을 수 있다' 는 주위 사람의 조언을 듣고, 집이 워낙 마음에 들고 보증금도 저렴하여 입주하였다는 것이었다.

사실 법원에서 이 사실을 알면 배당에 조금 문제가 생길 수도 있는 사안이었다. 그런데도 나에게 솔직히 털어놓는 것을 보고, 내게 악의가 있다거나 문제를 만들 사람이 아닌 것을 짐작할 수 있었다.

이야기를 다 듣고 난 뒤 이사날짜 이야기를 꺼냈다. 이사비용에 대해 묻는 아저씨에게, 명도와 배당절차에 대해 설명하며 정중히 이사비용을 제공하기는 어렵다고 말했다. 다만 20일 안에 명도해주면 우리가 감사의 의미로 50만 원을 주기로 약속하였다. 왜냐하면 잔금을 납부하기 위해 우리 전세금을 빼야 하는데, 잔금 납부 전에 이사가 이루어지면 전셋집을 나와서 바로 이사를 들어올 수 있는 좋은 상황이 되기 때문이었다.

그가 일찍 나가만 준다면 50만 원이 아니라 100~200만 원이라도

알아두면 도움이 되는 대출 상환방식

부동산을 매입하여 대출을 활용하는 경우, 상환방식에는 크게 세 가지가 있다.

① 만기일시상환(원금 거치식) - 상환일자까지 이자만 납입하고 만료시점에 원금을 모두 상환하는 방식.

② 원리금 균등분할 상환 - 전체 대출기간을 설정한 후 원금과 총이자를 합한 금액을 기간으로 균등하게 배분하여 상환하는 방식(상환하는 금액이 매월 동일).

③ 원금 균등분할 상환 - 원금을 전체 기간으로 나누어 상환하는 형태. 처음에는 원금이 크고 시간이 흐를수록 원금이 작아지기 때문에 이자비용도 시일이 지날수록 적어진다.

상환 시점까지 납부 이자 총액은 만기일시상환 〉 원리금 균등분할 상환 〉 원금 균등분할 상환의 순서다. 즉, 원금 균등분할 상환 방식이 총 납부하는 이자금액이 가장 적고 만기일시상환이 가장 크다.

그러면 대출을 실행할 때 원금 균등분할 상환 방식으로 받는 것이 늘 좋을까? 그렇지 않다. 나머지 두 방식은 총 납부 이자가 적은 대신 매월 원금을 분할 상환해야 하기 때문에 원리금 부담이 크다. 매월 이자뿐 아니라 원금까지 갚아 나가야 되므로 가계에 상당한 부담이 되어 새로운 투자를 모색하기 어렵다.

그러므로 새로 구입한 부동산이 자신의 마지막 투자가 아니라면, 원리금 상환 방식(②, ③)보다는 원금 거치식 상환 방식을 선택하는 편이 좋다. 매월 이자만 갚다가, 부동산을 처분할 때 함께 상환해 버리면 그만이다.

지불할 용의가 있었다. 아저씨도 이사 갈 곳을 알아보는 중이라며 20일 이내에 최대한 잘 알아봐 이사하기로 하였다.

이제 잔금 납부만 마치면 별 문제 없이 '우리집'을 마련할 수 있을 것 같았고, 기존 전세금만으로는 주택 구입 자금이 부족하기에 일부는 대출을 받아 해결하기로 결정하였다.

점유자가 이사 가기 전까지는 긴장을 놓지 말자

· 협상은 시간 싸움이다. 협상이 지지부진하면 손해 보는 것은 낙찰자다.
· 여유를 포기해서는 안 된다.

우리는 전세금을 빼기 위해 주인집에 연락을 하였다. 1년 계약이 이미 지나서 이사 가는 데 문제는 없었다. 또한 양재동은 워낙 전세가 귀한 동네라 내놓은 지 며칠 만에 계약자가 나타났다.

은평구 세입자가 2007년 3월 중순까지 비워주기로 해 우리는 3월 22일로 이사날짜를 잡았다. 세입자가 짐을 뺀 후 인테리어를 하고 집을 치운 다음 입주할 요량이었다. 잔금 납부기일은 2007년 3월 말로 정해졌다.

'2월 중순경에 낙찰받고 3월 중순에 명도하고, 일주일 후 입주하고 며칠 후에 잔금 납부를 마친다'는 계획이 착착 진행되었다. 잔금 납부 전에 명도를 끝냈을 뿐 아니라 전세금을 빼서 잔금 납부와 입주까지 말끔하게 해결되는 훌륭한 케이스였다.

다 잘되었다는 생각에 뿌듯한 마음이 절로 들었고 아내는 새 집을 어떻게 꾸밀지 즐거운 고민에 여념이 없었다.

그런데 3월 7일경, 이사하기로 약속한 날 일주일 전에 확인 차 전화를 해보니, 아저씨는 요새 마땅한 전셋집이 없어서 아직 이사 갈 집을 못 정했다고 말했다.

나는 망연한 마음에 "이러시면 곤란하다. 서로 좋게 약속한 건데, 이렇게 어기면 불이익이 생길 수 있다"라고 말하며 나도 모르게 언성을 높였다. 상대방도 화가 났는지 마음대로 하라고 하며 그날 통화를 마쳤다.

나는 전화를 끊고 아내와 상의를 했다. 전셋집은 이미 계약이 끝나 이사날짜를 정한지라 변경하기 어려웠다. 어차피 잔금 납부를 위해 전세금을 빼야 하기 때문에 우리가 이사를 가야 하는 사실에는 변함이 없었다.

나 혼자면 며칠 어디에 가 있어도 괜찮지만 아내에게 아무 곳에서나 자라고 할 순 없는 노릇이었다. 상의 끝에 한두 달간 머물 곳을 찾아보기로 하였다. 아내가 회사를 다니기에 좋은 강남 일대와 장충동 주변으로 알아보기로 했다.

그때부터 나는 인터넷을 뒤지면서 여기저기를 찾아다녔다. 원룸

임대도 직거래로

다음이나 네이버에는 직거래를 위한 카페가 여러 개 있다. 훗날에는 내가 낙찰 받은 집의 세를 놓기 위해 이 카페들을 애용하였다. 특히 부동산이 적은 지방에서 임차인을 구할 때 상당한 효과를 보았다. 직거래로 계약하면 중개수수료가 들지 않는다. 다만 계약 시 부동산 계약서나 등기부등본 등은 소유자가 챙겨가야 한다.

이제는 부동산을 통한 임대 의뢰 여부와 상관없이 직거래 장터에도 임대 물건을 업로드하고 있다. 비용은 전혀 들지 않고, 사진과 글을 올리기 위한 약간의 수고만으로 상당한 광고 효과를 거둘 수 있다. 물론 복비를 아끼기 위한 목적도 있겠지만, 보다 빠른 거래를 위한 필수 선택이다. 거래가 신속하게 이루어질수록 자금회수 및 신규투자가 원활해지기 때문이다. 인터넷뿐 아니라 벼룩시장이나 교차로 등 생활정보지에 광고를 기재하는 방법도 활용할 만하다.

홈페이지나 카페 연락처를 보고 전화를 해봐도 단기 계약은 가능하나 강남 지역에 보증금 없이 둘이 살 만한 방의 월세는 80만 원 선이었다. 정 안 되면 어쩔 수 없이 들어갈 밖에 도리가 없지만, 이것도 중개인을 통한 계약이라 상당한 금액의 중간 거래 수수료가 아까웠다.

그래서 그 수수료라도 줄이고자 직거래 카페를 뒤적이다가 운 좋게도 청담동에 사는 학생이 2~3개월 동안 집을 비운다는 글을 보고 연락을 했다. 아담하고 깨끗한 집인 데다 위치도 좋아 서로 절충 끝에 보증금 없이 월 40만 원에 계약을 했다. 그리고 한 달 이후에는 달을 채우지 않고 나갈 경우 일할 계산하기로 하였다.

잠시 들어갈 곳이 정해져 한 시름 놓았다. 이삿짐은 청담동 집에 놓을 수는 없으니 이삿짐센터에 보관하기로 결정했다. 그리고 다시 은평구 세입자와 통화했다.

"아저씨께서 약속을 지키지 않는 바람에 우리가 갈 곳이 없어져 매우 난감합니다. 우리 사정이 너무 어렵게 되었는데 어떻게 하면 좋겠습니까?"

그러자 아저씨도 미안해하며 말했다.

"지금도 집을 계속 알아보고 있으니 4월 중순까지는 꼭 이사 가는 쪽으로 하겠습니다."

나는 일단 고마움을 표하며 말했다.

"아저씨께서 약속을 어겨 이삿짐 보관비용과 임시로 다른 집에 머물기 위해 월세도 지불해야 합니다. 그래서 본래 3월 중순에 명도해 주시면 지급하기로 한 50만 원은 드리기 어렵겠습니다."

아저씨도 수긍하며 통화를 마쳤다.

우리는 3월 22일에 이사를 나와 전세보증금을 받았다. 1억 5,500만 원에 낙찰되었으니 취등록세와 법무비용까지 합하면 실제 매입 비용은 1억 6,000만 원가량이 될 듯했다. 물론 경락자금 대출을 70% 가량 받기로 하고 자서(대출서류 작성)까지 마친 상황이었다.

대출액이 1억 원이니 매달 이자 부담은 늘겠지만, 전세금 1억 중 6,000만 원은 잔금 납부에 들어가고 4,000만 원이라는 상당한 액수의 투자금이 확보되었다.

지금까지는 작은 규모의 오피스텔을 낙찰받아 세가 나가면 그 보증금으로 다시 하나씩 매입하였는데, 4,000만 원이면 1억 원 이상의 물건도 노려볼 수 있게 되었다. 아니면 작은 물건을 한꺼번에 두세 개 확보할 수도 있다. 어쨌든 선택의 폭이 보다 넓어진 것만으로도 기뻤다.

보통 이처럼 잔금을 치르고 소유권 이전 등기를 할 때 법무사를 통하는 경우가 대부분이다. 물론 이때에는 법무비용을 지불해야 한다.

하지만 서비스 이용자인 우리 스스로도 지불하는 비용이 정확히 얼마인지 모르는 경우가 많다. 법무비용 내역서를 봐도, 그 항목에 부동산 취득에 따른 각종 세금이나 공과금과 법무비용이 섞여 있어 어느 부분이 국가 조세이고 어떤 부분이 법무사와 그 직원이 수수하는 비용인지 구분하기 어렵기 때문이다.

그래서 일부 법무사는 기준치를 상당부분 초과하여 법무 수수료를 받는 경우도 있다. 그러므로 법무비용 내역서도 꼼꼼히 뜯어보자. 더 많은 수수료를 지불한다고 해서 더 좋은 서비스를 받는 것도 아니다. 많이 내나 적게 내나 소유권 이전 절차를 대행하고 인도명령 신청서 접수해주는 것은 다 똑같다.

법무비용이 과도하게 책정되어 있다면, 당당하게 부당한 부분을 지적하는 것이 현명한 행동이다.

다음 페이지에 제시한 사건처리카드는 내가 받은 법무비용 내역서 중 수수료가 높게 책정된 내역서다.

내역을 살펴보면 법무비용은 크게 좌측의 '공과금' 과 '보수액' 으로 나뉘어 있다. 공과금은 법무사를 통하든 자신이 직접 이전 처리하든 반드시 납부해야 하는 금액이다. 보수액은 법무비용으로 볼 수 있다. 보통 보수 목록이 다양할수록 더 많은 비용을 청구한다고 생각하면 된다.

일단 이 케이스에서는 공과금 부분에서도 추가 요청한 내역이 있다. '제증명' 비용은 1회만 청구하는 것이 관례임에도 소유권 이전 시 5만 원, 근저당 설정 시 5만 원으로 총 2회 청구하고 있다.

보수액을 뜯어보면, '교통비' 와 '등록세 대행' 으로 비용을 청구했음에도 '제출료' 라는 항목으로 추가 비용을 요청하고 있다. 또한

사건처리카드

<table>
<tr><td colspan="7" align="center">사 건 처 리 카 드</td><td>소장</td><td>사무장</td><td>취급자</td></tr>
<tr><td colspan="2">사건번호</td><td>07-</td><td colspan="3">접수일 :</td><td></td><td></td><td></td></tr>
</table>

<table>
<tr><td>사건명</td><td>경 매</td><td>목적물</td><td>서울 중구 회현동1가</td><td>담당자</td><td>사무장</td></tr>
<tr><td rowspan="2">당사자
(낙찰자)</td><td></td><td>주민번호</td><td>연락처</td><td colspan="2">은행</td></tr>
<tr><td></td><td></td><td>016-</td><td colspan="2">주 소</td></tr>
<tr><td>최저감정가</td><td>00,000</td><td>낙찰 보증금</td><td>0,000</td><td>관할법원</td><td>중무등기소</td></tr>
<tr><td>기준시가</td><td></td><td>대출승인금액</td><td>55,000,000</td><td>대출지급기한</td><td>2007년 11월 5일</td></tr>
<tr><td>낙찰대금</td><td>000</td><td>근저당설정금액</td><td>72,000,000</td><td>제출일</td><td></td></tr>
</table>

<table>
<tr><td colspan="2">사건명
내역</td><td>소유권 이전</td><td colspan="2">근저당 설정</td><td colspan="2">법무사 　　사무소</td></tr>
<tr><td rowspan="11">공과금</td><td>등록세</td><td>, 1,375,540</td><td colspan="2">144,000</td><td colspan="2">부천시 원미구 상동</td></tr>
<tr><td>교육세</td><td>275,108</td><td colspan="2">28,800</td><td colspan="2"></td></tr>
<tr><td>인지대</td><td></td><td colspan="2"></td><td colspan="2">☎:032-</td></tr>
<tr><td>등기증지</td><td>9,000</td><td colspan="2">9,000</td><td colspan="2">Fax:032-</td></tr>
<tr><td>주택채권</td><td>142,600</td><td colspan="2">108,000</td><td colspan="2"></td></tr>
<tr><td>대장등본</td><td>30,000</td><td colspan="2">30,000</td><td colspan="2">※입금계좌번호※</td></tr>
<tr><td>송달료</td><td>40,000</td><td colspan="2"></td><td colspan="2"></td></tr>
<tr><td>제증명</td><td>50,000</td><td colspan="2">50,000</td><td colspan="2">110-　-</td></tr>
<tr><td>취득세</td><td></td><td colspan="2"></td><td colspan="2">　　　예금주</td></tr>
<tr><td>농특세</td><td>.</td><td colspan="2"></td><td colspan="2"></td></tr>
<tr><td>말소</td><td>말소건수　5</td><td>말소비</td><td>50,000</td><td colspan="2"></td></tr>
<tr><td></td><td>합 계</td><td>1,922,248</td><td colspan="2">419,800</td><td colspan="2">총비용의 계산</td></tr>
<tr><td rowspan="9">보수액</td><td>수임료</td><td>100,000</td><td colspan="2">100,000</td><td>잔금</td><td>8,017,000</td></tr>
<tr><td>누진료</td><td>68,777</td><td colspan="2">72,000</td><td>공과금</td><td>2,342,048</td></tr>
<tr><td>교통비</td><td>100,000</td><td colspan="2"></td><td>보수액</td><td>660,855</td></tr>
<tr><td>제출료</td><td>50,000</td><td colspan="2">30,000</td><td>진행비</td><td>200,000</td></tr>
<tr><td>등록세대행</td><td>50,000</td><td colspan="2">30,000</td><td>계</td><td>11,219,903</td></tr>
<tr><td>확인서면</td><td></td><td colspan="2"></td><td>은행비</td><td>150,000</td></tr>
<tr><td>수수료 계</td><td>368,777</td><td colspan="2">232,000</td><td>인지대</td><td>70,000</td></tr>
<tr><td>부가세</td><td>36,878</td><td colspan="2">23,200</td><td>임대차조사</td><td>40,000</td></tr>
<tr><td>합 계</td><td>405,655</td><td colspan="2">255,200</td><td>계</td><td>260,000</td></tr>
<tr><td colspan="2" rowspan="2">총 　계</td><td>2,327,903</td><td colspan="2">675,000</td><td rowspan="2">총합계</td><td rowspan="2">11,479,903</td></tr>
<tr><td colspan="3" align="center">3,002,903</td></tr>
</table>

法務士　　　　事務所

보수 내역이 모두 합산된 후에도 우측 하단에 보면 '진행비' 명목으로 비용이 추가됐다(보통의 경우 없는 항목).

그리고 대출을 실행하는 은행에 따라 '은행비'를 요구하는 경우도 있다. 일반적으로 5~7만 원 선인데 반해 여기에서는 15만 원으로 과다 청구했다. 이밖에 '작성료', '인도명령' 등의 항목으로 추가 청구하는 경우도 있다.

이 케이스에서는 전체적으로 일반적인 경우에 비해 법무비용을 40만 원가량 추가 청구한 것이다. 업무를 진행하다 보면 추가 비용이 발생할 수 있고 어느 정도 그런 부분은 인정해줄 수도 있다. 하지만 이렇게 과도한 경우에는 항목을 지적하며 시정을 요구해야 한다. 필요하다면 다른 대출을 통한 법무사 교체 의사도 넌지시 제시해 보자.

이러한 우여곡절 끝에 우리의 청담동 생활은 시작되었다. 2007년 3월 말 잔금 납부 전 날 은평구 세입자에게 전화가 왔다. 드디어 이사 갈 곳이 결정되었고 4월 14일에 입주하기로 했다는 것이다. 이미 계약금도 지불하고 왔다니, 다시 약속이 어긋날 일은 없을 듯했다.

그래서 4월 14일에 세입자와 만나 내 인감증명 1통과 명도확인서를 주기로 했다(명도확인서는 따로 정해진 양식이 있는 것은 아니다. 하지만 처음 작성하려면 조금 막막할 수 있으니 필자가 사용하는 서식을 다음 페이지에 첨부하였다).

명도확인서

명 도 확 인 서

사건번호: 200x 타경 xxxxx (물건번호 x번)

위 사건 부동산에 관하여 임차인 ＿＿＿＿＿＿＿ 은(는) 그 점유 부동산
을 낙찰자 ＿＿＿＿＿＿＿ 에게 명도하였으므로 이에 확인합니다.

또한 이사비용으로 임차인에게 일금 ＿＿＿＿＿ 원을 지급하였습니다.

첨 부
낙찰자 인감증명 1통

200x   년   월   일

낙찰자 성명   (인감인)
주소

○○지방법원 ○○지원 경매 ×계 귀중

74

4월 14일 약속한 2시에 집을 찾아갔더니 문이 잠겨 있었다. 벨을 눌러도 아무 반응이 없었다. 불길한 예감이 들었다. 이게 무슨 일인가 싶어 세입자에게 전화를 해보니, 벌써 이삿짐을 다 뺐다며 디지털 도어락의 비밀번호를 알려 주었다.

배당기일은 아직 멀었으니 서류는 나중에 받으러 온단다. 안도의 한숨을 쉬며 문을 열고 드디어 내 집에 입성하였다. 짐을 뺀 자리라 얼룩도 있고 먼지가 많았으나, 112제곱미터(34평형)로 널찍하고, 베란다 바로 앞에 산이 있어 공기도 좋았다. 또한 거의 새 집이라 내부도 깨끗해 서울에 처음 마련한 내 집치고는 근사하였다.

즐거운 마음에 인테리어 맡길 곳을 여러 군데 둘러보고 시공과 청소를 마치고 입주하였다. 그 와중에도 아내는 포인트 벽지를 구입해 붙이는 등 집안을 더 예쁘게 꾸미기에 여념이 없었다.

잔금 납부 후 보름 만에 이사비용 없이 명도를 받고, 20일 만에 입주하였으니 나름대로 모범사례라 할 만하다.

비결은 단순하다. 낙찰 당일부터 점유자를 만나 지속적으로 협상하라. 만남이 늦어지면 늦어질수록 협상기간도 길어진다. 자신이 낙찰을 받았다고 해서 현재 점유자가 먼저 연락해 올 리가 없지 않은가? 가능한 한 빨리 만나 협상하는 것이 최단기간에 내 집의 점유를 획득할 수 있는 가장 좋은 비결이다.

인플레이션에 투자하라

일반적으로 개인들은 대개 소득을 저축한다. 펀드가 대중화되어 그나마 투자 포트폴리오가 다양화되었지만 이것들은 모두 금융 자산이다.

금융 자산은 환금성이 뛰어나다는 장점이 있는 반면 수익성 측면에서 불리하다(2007년에는 연 수익 30% 이상을 거둔 주식형 펀드들이 속출했지만, 이는 일반적인 상황으로 보기 어렵다. 그리고 그 펀드들도 2008년 들어 마이너스 수익률로 고전하는 사례가 많다). 특히 적금 등의 저축은 인플레이션 위험에 온전히 노출되어 있다. 연간 6%의 이자를 준다고 해봐야(15.4%의 이자소득세를 떼면 실질 이자는 더 떨어진다) 연간 평균 인플레이션 3~4%를 감안하면 실질 이자는 1%대에 불과하다(2008년에는 각종 원자재 가격 급등으로 한국도 인플레이션율이 크게 올라 실질 이자가 '0' 혹은 '마이너스'를 기록하고 있다).

이런 상황에서는 적금에 가입해서 열심히 불입하는 것은 돼지 저금통에 돈 모으는 것과 별반 다르지 않다. 물론 이는 전적으로 수익률 측면에서의 이야기다. 쓸데없는 소비를 줄일 수 있다는 점에서 종자돈을 만드는 데 적금은 여전히 좋은 수단이다.

반면 부동산은 인플레이션 헤지(회피) 기능을 갖는 대표적인 실물 투자자산이다. 물가가 오르면(화폐가치가 떨어지면) 부동산 같은 실물자산은 표시 가격이 같이 오를 뿐 아니라, 실물자산 선호 효과에 따라 물가 인상분을 초과하는 초과 수익까지 기대할 수 있다.

그렇다면 대출을 받는 것은 어떨까? 대출이라면 손사래를 치는 분들도 있지만 나는 적당한 대출은 삶의 지렛대 역할을 해줄 수 있다고 생각하는 편이다. 다른 부분은 논외로 하고 위의 물가 상승과 수익률 측면에서만 보자.

인플레이션 상황 하에서 일정 비율의 대출을 받아 부동산을 구입한 경우, 수년이 흘렀을 때 대출액은 변동이 없지만 부동산 가치는 물가상승분만큼 상승해 있는 경우가 많다(물론 이자는 납부한다).

예를 들어 1억 원의 부동산을 대출 5,000만 원을 통해 매입했다고 하면, 5년 후 부동산 가치는 1억 원 이상이 된다. 반면 대출금의 실질 가치는(물가상승을 고려한 현재 가치) 5,000만 원에 훨씬 미치지 못할 것이다. 어떤가? 이제는 치솟는 물가를 원망할 것이 아니라, 인플레이션에 투자해 보는 것이.

1+1=3! 부부가 함께 하면
경매가 더 즐겁다

부부가 함께 하는 경매

· 성공의 중심에는 늘 아내가 함께 있었다.

논점과 어긋나는 이야기일 수 있지만, 아내가 결혼 전에 유명한 역술인에게 사주와 궁합을 본 적이 있었다. 나는 본래 그런 것을 좋아하지 않아서 결혼을 앞두고 아내 혼자서 다녀왔었다.

당시 그 역술인이 "2005년에 청약의 운이 있으며, 남편은 회사를 오래 다니지 않을 것입니다. 앞으로 두 분은 부동산으로 돈을 벌 사주입니다. 그리고 집은 있으되 이사를 많이 다닐 운입니다"라고 했단다.

또한 부동산을 매입할 때 나의 예지력과 아내의 타고난 운이 합쳐져 좋은 결과를 낳을 것이라는 이야기도 덧붙였다. 아내는 역술인에게 들은 것을 빠짐없이 전해주려고 그 내용을 모두 메모해 왔었다.

그때가 2005년 후반 즈음이었으니. 당시 나는 회사에 입사한 지 몇 개월 되지 않아 퇴사는 꿈도 꾸지 못하는 상황이었고, 결혼을 앞두고 한창 전셋집을 구하러 다니는 중이었다. 그래서 우리는 이런 이야기를 믿기가 어려웠다. 설령 그렇다고 하더라도 그건 먼 훗날의 이야기라고 생각할 수밖에 없었다.

그런데 2년 안에 그 모든 것이 이루어졌다(우리에게 출산운이 2008년에 있다는 것까지도). 아내가 그 사주 이야기를 할 때마다, '역술인 얘기를 신경 쓸 필요 있겠나'라고 말하던 나조차 놀랄 만큼.

2005년 청약에서 한 차례 떨어진 후, 두 번째에 거짓말처럼 동탄 신도시 아파트에 당첨되었고(청약을 제안한 것은 나였고 당첨은 아내가 되었다), 지금은 직장을 그만두고 부동산을 업으로 삼고 있다. 그리고 앞서 이야기한 것처럼 길지 않은 기간 동안 꽤나 많은 이사를 다녔다.

이 글을 읽고 있는 독자 중에 "그곳이 어딘가요?"라고 묻는 경우도 있을 것이다. 주위 사람들도 이 이야기를 들으면 하는 첫 마디가 늘 똑같았다.

하지만 내가 하고 싶은 말은 점이나 사주의 유·무용성에 대한 것이 아니다. 물론 당시에 본 궁합이나 사주에서 별로 좋지 않은 내용도 몇 가지 있었다. 하지만 우리는 그 말은 믿지 않았고 실제로 그런 일은 일어나지 않았다. 역술인의 말 중에서 좋은 부분만 받아들였고, 그 이후 내가 회사를 그만두려고 하거나 부동산 경매를 시작할 때도 그 예언과 아내는 적극적인 지지자가 되어주었다.

사주와 궁합대로라면 우리 부부는 2010년부터 5년간 금전운이 아주 좋단다. 우리는 여전히 경매물건을 검색하고 답사를 다니며 공부하고 있다. 설사 그런 운을 타고 나지 않았다고 하더라도 우리 부부는 지금처럼 열심히 그런 운을 만들어 나갈 것이다.

'믿음의 효과' 라 했던가. 자신에게 좋은 일이라면 그것이 무엇이 됐든 열심히 믿고 실천해 보는 것이 어떨까.

내 이야기 전반에 걸쳐 아내와 함께 다니며 좋았던 사례가 종종 등장한다. 하지만 실제로 함께 하여 큰 효과를 본 경우는 그보다 훨씬 많다. 인간은 완전한 개체가 아니다. 개인마다 강점과 약점이 다르기 때문에 혼자보다는 함께할 때 보다 완전해질 수 있다.

내 경우에는 부부가 함께 하여 좋은 점을 기술했지만, 부부라는 단어를 친구나 동료 등으로 바꿔 해석해도 큰 무리가 없을 듯하다. 실제로 우리 부부는 고등학교 동창으로, 때론 친구처럼 서로를 돕는다. 서로 믿고 의지할 수 있는 벗이 있다면 누구라도 큰 힘이 되지 않겠는가.

우리는 예전에도 그랬고 지금도 늘 함께 다닌다. 물건분석을 위해 답사를 갈 때도 함께인 것이 퍽 도움이 된다. 거리가 먼 경우에는 여행 삼아 1박 2일 코스로 다녀오기도 한다. 충남 서산 물건 답사 후 간월호와 마애삼존불상을 구경하기도 하고, 경기도 양주에 갈 때는 송추 계곡에 들러 오는 식이다.

둘 다 여행을 좋아하는 편이라 어딜 가도 구경거리가 있어 좋은 여정이 된다. 아내는 답사 날짜와 장소가 정해지면 이동 중 먹을 도시락이나 간식, 음료, 과일 등을 준비하기에 바쁘다. 명승지를 찾는 건 내 몫이고, 주변 맛집에 관련한 사항은 아내가 꼼꼼히 조사해 둔다.

반대로, 답사가 아닌 유람을 목적으로 하는 여행에서도, 근처 부동산을 들러 시세 등을 확인하는 것이 우리의 데이트 방식이다. 한 사람이라도 부동산에 관심이 없다면 다툼의 소지가 있을 것이다.

하지만 다니는 어느 곳이든 미리 시세를 파악하고 현장 상황을 알면 추후 물건 검색을 할 때도 유리하다는 것이 우리의 일치되는 의견이다. 해외여행을 가도 모델하우스 분양 설명회를 듣고 현지 가이드에게 그곳 부동산 실정과 시세를 묻는 것을 즐긴다. 좋은 기회가 생기면 해외 부동산에 투자할 수도 있지 않겠는가.

공인중개사무소에서 시세 조사를 할 때도 '부부' 라는 장점이 작용한다. 어떤 물건이 경매에 나왔을 때 근처 부동산은 그 물건을 답사하러 오는 수많은 사람들을 상대해야 한다. 그들은 손님의 인상착의만 보아도 실제 손님인지 답사를 온 것인지 어느 정도 감을 잡는다. 그래서 '진짜 손님' 이 아니라고 판단되면 쌀쌀맞게 대하고 원하는 정보도 제공해주지 않는 경우가 많다.

하지만 우리는 젊기도 하고, 부부가 함께이기에 의심 없이 적극적으로 설명을 해준다.

또, 아내가 주부 입장에서 주변 여건(학교, 공원, 쇼핑센터) 등의 세부적인 부분을 질문해 공인중개사무소에서는 실제 손님이라는 믿음을 갖고 친절히 안내해준다. 대학가 앞 작은 오피스텔을 답사할 경우, 우리는 부부에서 애인으로 역할을 바꾸기도 한다. 대학생 남자 친구의 집을 구하는 것처럼.

건물 내부를 볼 때도 남자 혼자가 아닌 부부가 있으니 상대방도 거리낌이 적은 편이다. 모르는 사람이 벨을 누르고 내부 확인을 부탁할 때에도 여성의 목소리에 더 안심이 되는 것이다. 게다가 아내가 임신한 후에는 대부분의 사람들이 더욱 부담 없이 집안을 보여주고 집에 대한 설명도 친절하게 해준다.

나와 아내는 성격도, 사물을 바라보는 눈도 판이하게 다르다. 이는 우리가 물건을 볼 때 좀 더 꼼꼼하고 다양한 시각에서 볼 수 있게 해준다. 나는 시세나 주변 여건, 교통, 임대 수익 등을 챙기는 반면 아내는 향, 구조, 내부 상태를 본다.

내가 남자이기도 하고 털털한 편이라 어지간히 상태 안 좋은 집이 아니면 내 눈에는 다 쓸 만해 보인다. 하지만 아내는 구조가 어떤지, 낙찰받게 되면 내부의 어떤 부분을 손봐야 할지 등을 참 잘 파악한다.

물건지 답사나 입찰, 점유자와의 만남도 함께 한다. 특히 명도 과정에서는 거의 빼놓지 않고 함께 다니는데, 혹자는 "무슨 일이 일어날 수도 있는데 그런 위험한 곳에 아내를 데리고 가느냐"고 묻기도 한다.

그러나 후술하겠지만 명도는 서로 언성을 높이며 집행관이 강제 집행하는 과정이 아니라 소유자와 점유자 간에 이뤄지는 하나의 협상 과정이다. 여러 과정을 거쳐, 이사 당일에는 서로 웃는 얼굴로 이사할 수 있다. 때문에 협상의 방법을 보여줄 수 있다는 측면에서, 나는 지금 뱃속에 있는 우리 아기의 태교를 위해서도 그 과정을 보여주는 편이 좋다고 생각한다.

또한 협상의 기술적 측면에서도 아내가 곁에 있는 편이 유리하다. 옆에 여성을 두고 이야기 하니, 가급적 서로 언성을 높이지 않게 된다. 만약 상대방이 여성이라면 동성끼리 통하는 이야기가 있으니 또한 유리하다.

서산에 있는 작은 아파트를 낙찰받았을 때의 일이다. 이 아파트는 지은 지 20년가량 되어 낡았고 주로 소형 면적으로 구성되어 있는데다가 총 5층으로 저층 아파트였다. 만약 서울에 있는 아파트였다면 재건축 호재로 상당히 높은 시세를 형성했을 것이라고 생각하며, 입찰하였다(재건축을 당장 기대한 것은 아니다. 2007년 당시 서산에는 미분양 아파트도 많았고 택지도 충분해 보였다).

이 아파트는 2등과 50만 원가량의 차이로 낙찰되어 기분이 좋았다. 사람이 이렇다. 어차피 실제 매매가, 임대시세를 고려하여 적은 금액이니 2등과의 차이가 어떻든 하등 관계가 없는데, 큰 금액 차이로 낙찰되면 왠지 찜찜해지고 근소하게 낙찰되면 복권이라도 당첨된 듯하다.

이 날도 아내와 함께 법원에 갔는데 아내가 입찰표를 작성하면 낙찰되는 확률이 높은 편이어서 이 날 역시 아내가 작성을 했고, 결과는 기분 좋은 1등이었다. 당시 점유자는 최우선변제로 어느 정도 배당을 받아 나가는 세입자였기 때문에 명도도 수월할 듯 보였다.

여느 때와 마찬가지로 낙찰 직후 해당 부동산을 방문했는데 아이 세 명과 아이 어머니가 있었다. 이런 경우에 아무래도 남자 혼자 집에 들어가 세입자와 편하게 대화하기는 어렵다. 하지만 아내와 함께였기 때문에 그 쪽에서도 경계를 풀고 편하게 자리를 권했다.

아이들도 참 천진하고 예뻤다. 이런저런 이야기를 하다가 다행히 주변 아파트를 분양받았고 다음 달에 입주가 예정되어 있다는 이야기를 들었다. 그리고 경매 과정에 대해 질문하기에 낙찰 후 과정에 대해서 설명해 주었다. 우리가 들어와서 살아야 하기 때문에 일찍 빼주면 더 감사하겠다는 말도 곁들였다.

아이 어머니는 남편과 상의하고 연락주기로 하였고, 우리는 웃으며 인사하고 나왔다.

다음 날 남편과 통화해 돌아오는 주말에 다시 방문하여 세부적인 이야기를 하기로 하였다. 다시 만난 그 집 아이들은 이제 어색함 없이 우리를 맞아주었다. 그리고 아이 아빠에게 새 아파트 입주날인 보름 후에 이사를 가려 한다는 이야기를 들었다(보름 후면 낙찰 후 잔금 납부도 하지 않은 시점이었다). 그 날 배당에 필요한 서류를 준비해 오겠다고 약속하고 아이들과 작별 인사를 하며 그 집을 나왔다.

우리는 그 가족들과 친구가 되었고, 이사 당일 우리는 서류와 함께 아이들을 위한 동물 책을 선물로 준비했다. 아이들의 기뻐하는 모습과 아이 엄마의 웃음은 덤이었다.

낙찰받은 후에도 청소나 집안 정리를 확실하게 마무리하는 것은 물론이다. 안산에 위치한 반 지하 집을 낙찰받았을 때 이야기다. 준공한 지 7년쯤 지난 다세대 주택이라 관리상태가 그리 좋지 않았다.

Special Tip

낙찰받은 집, 곰팡이가 피어있다면?

반 지하 집이나 채광이 좋지 않은 집의 경우, 벽에 곰팡이가 끼는 일이 있다. 이럴 때는 세가 잘 나가지 않고, 요행히 임차인이 나타나더라도 월세를 크게 깎아줄 것을 요구하기 일쑤다. 이런 경우 곰팡이를 충분히 제거한 후 도배를 새로 해야 하는데, 일반 도배를 하면 몇 달 지나지 않아 다시 벽지에 곰팡이가 생긴다.

이때는 도배하기 전, 기존 도배지를 뜯어내고 마른 걸레로 곰팡이를 최대한 제거한 후 며칠 동안 바짝 말려준다. 도배할 때는 방습지와 부직포를 미리 부착한 후, 그 위에 도배지를 바르면 좋다. 곰팡이가 피었던 자리에는 먼저 방습지를 붙이고, 벽에 전체적으로 부직포를 부착하면 원래의 벽과 외부가 일단 차단되어 문제를 해결할 수 있다.

다만, 도배 시공업자에 따라 별도 비용을 요구하기도 하니 미리 비용 부분을 언급해 두는 것이 좋다. 좀 더 심각한 경우는 벽면에 압축스티로폼을 대는 것이 효과가 가장 확실하다. 다만 수만 원가량의 비용이 추가된다.

일부분에만 곰팡이가 피어 굳이 새로 도배를 할 필요가 없는 경우라면 마른 걸레로 곰팡이를 닦고 식초를 뿌려둔다. 다시 마른 걸레로 닦아준 후 헤어드라이어로 반복해서 말려주면 효과가 있다. 이 과정에서 환기는 필수다. 물론 내부 어느 곳에 물이 새는 등 주택 자체적인 문제를 안고 있다면 근본적인 문제 해결이 먼저 이뤄져야 할 것이다.

안산 다세대 주택 시트지 부착 전후

after

before

다만 가격 메리트가 훌륭해서 어느 정도 수리 후 세를 놓으면 임대 수익이 상당할 것으로 보여 입찰하였고 낙찰자가 되었다.

그 집은 내부가 전반적으로 상당히 지저분한 상태라 도배, 장판, 페인팅까지 모두 다시 했다. 언제나 색상 선택은 아내 몫이었다. 반지하 집이라 최대한 밝고 넓게 보이는 색상과 디자인을 골라 시공하니 상태가 훨씬 좋아졌다.

남은 문제는 싱크대 부분이었는데 닦아낸다고 해결될 것 같지는 않았고 교체하기에는 비용이 부담이었다. 그때 아내가 '시트지를 붙이면 어떨까' 라는 제안을 했다. 아내의 의견에 따라 사이즈를 잰 다음 인터넷 쇼핑몰에서 시트지를 구입했다. 싱크대와 그 주변 벽까지 붙이는 데 4만 원가량이 들었다. 싱크대 손잡이도 1만 원을 들여 모두 새로 교체했다.

어떤가? 5만 원이 주는 효과치고는 훌륭하지 않은가? 이것도 모두 아내 솜씨다. 나는 손잡이 설치와 허드렛일을 도왔고 실제 재단, 부착은 4~5시간을 들여서 모두 아내가 손수 했다. 한 번 해보니 시트지 작업에 요령도 생기고 자신감도 붙었는지 다음 낙찰된 서울 회현동 빌라에도 아내의 솜씨가 발휘되었다.

회현동 빌라의 경우 싱크대와 손잡이는 그리 낡지 않아서 그대로 두고, 안산에서 시공하고 남은 벽돌무늬 시트지로 싱크대 주변의 벽에만 부착하였다. 소요시간은 1시간 30분. 특별한 지도를 받지 않고 부착했다는 것을 감안한다면, 대부분의 사람들도 손쉽게 할 수 있는 일이라 생각한다.

나는 낙찰 전까지의 과정과 명도 빠른 시일 안에 임차인을 구하는 일을 담당하고 아내는 집을 좀 더 가치 있게 만드는 일을 맡는다. 아내가 집을 꾸민 후 사진을 찍어 수정 작업을 마치면, 나는 그 사진으로 인터넷 카페에 글을 올리는 식이다.

어떤 일이든 마찬가지겠지만, 경매에 있어서도 누군가와 함께한다는 것은 많은 장점을 갖는다.

나는 마음먹었으면 일단 저지르는 타입이고, 아내는 늘 신중하게 생각하는 타입이다. 나는 성급한 마음에 충분한 숙고를 거치지 않아

before

after

나중에 낭패를 겪는 경우가 많다. 반면 아내는 생각만 거듭하다가 실천을 미루는 일이 많다. 그래서 경매 물건에 입찰할 때에도 서로 적절히 조정이 되곤 한다.

　나는 물건을 지속적으로 매입하고 있기 때문에(잦은 대출과 신용조회로 말미암아) 신용도가 많이 하락했다. 하지만 아내는 대출 없이 한 곳의 주거래은행과 장기간 거래하여 신용도가 좋은 편이다. 신용도가 좋으면 대출 가능 금액도 커지고 금리가 낮아지는 것은 당연한 이치. 그래서 우리가 사는 집과 대출금액이 큰 물건은 아내 명의로 해 두었다. 우리는 '평생의 반려자'이기도 하지만 '믿음직스런 동업자'인 셈이다.

아내가 내 곁에 있고, 내가 아내를 지키고 있다는 것 자체가 든든하고 커다란 힘이 된다. 오랜 시간, 여기저기 다닐 때 말벗이 있어서 좋다. 부부 간에 대화가 부족하다는 것도 우리와는 무관한 이야기다. 덕분에 우리는 십수년 이상 함께 한 부부들보다도 서로에 대해 잘 알고 이해한다고 자부할 수 있다.

어떤가? 이정도면 환상의 커플이라 할 만하지 않을까?

part 02

당신에게 권하는
부동산 경매

Chapter 01

이것이 경매다

함께 보는 9단계 경매 프로세스

· 물건분석은 꼼꼼하게 입찰은 대범하게.
· 한 해에도 수십만 건의 물건이 주인을 기다린다.

　요즈음에는 주변에 경매에 관심 있는 사람들도 꽤 있고, '경매 전문' 등의 광고 문구가 붙어있는 공인중개사무소도 심심치 않게 볼 수 있다. 그렇다면 스스로 물건을 찾고 입찰을 하려고 한다면 절차는 어떻게 되고 시간은 얼마나 소요될까?

　다음 표에서 보듯, 경매를 통한 부동산 매입은 크게 9단계 절차로 이루어진다. 어떻게 보면 참 간단할 수도 있지만 어찌 보면 꽤나 어렵고 복잡한 길로 보일 수도 있겠다. 실제로 일반 부동산 매매 경험이 있는 경우 조금 더 쉽게 받아들일 수 있을 듯하다.

　일단 ①, ②단계는 대법원 사이트 혹은 경매 사이트에서 찾아보고 마음에 드는 물건이 있으면 등기부등본과 법원에서 제공하는 매각

90

9단계 부동산 경매 프로세스

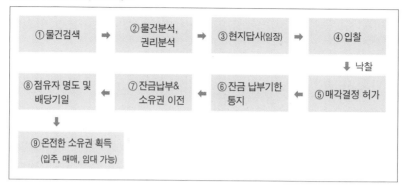

물건 명세서를 체크하여 입찰해도 되는 물건인지 확인하는 과정까지다. 이때 매각물건 명세서를 확인하는 것은 매우 중요하다. 권리분석을 쉽게 하기 위한 길이 여기에 들어있다. 뒤에 다시 설명하겠지만, '매각물건 명세서' 라는 경매의 핵심이 되는 문서가 있다는 것은 기억해두자.

이 과정에서는 정해진 시간이 없다. 처음에 공부하며 찾아볼 때는 이 물건 저 물건을 다 살펴보기 때문에 며칠 혹은 몇 달 동안 ①, ② 단계 과정만 반복하기도 하고 꼭 원하는 물건이 있을 때는 1~2시간 만에 결정하고 ③단계로 넘어가기도 한다(①, ②단계 과정 반복이 우유부단하다거나 시간낭비라는 것은 결코 아니다. 모두 좋은 공부다).

③단계가 아주 중요하다. ②단계에서 그 물건에 대한 기본적인 사항을 체크했다면, 현지 답사 과정에서는 실제 현장 분위기를 파악하고 실제 시세나 점유인, 주변 여건 등을 직접 확인할 수 있기 때문에 절대 빠뜨릴 수 없는 과정이다. 물론 내가 사는 지역 물건이거나 고향이라

그 지역에 대해 잘 알고 있다면 ③단계를 수월하게 마칠 수도 있다.

다음 ④단계는 입찰보증금 10%(최저입찰가의 10%)를 들고 법원에 가서 입찰표를 작성하여 제출하는 과정이다. 낙찰받지 못하면 ①~③단계 과정이 물거품이 되므로 퍽 가슴 조이는 단계라 할 수 있다.

하지만 ③단계 답사 과정을 마치고 내가 원하는 수익률에 따라 입찰 가격을 정하면 사실 입찰 그 자체는 요식 행위에 불과하다. 법원에 사람이 많으면 왠지 그 사람들 모두 내 물건에 입찰하는 사람인 것 같고 나보다 높은 가격을 적는 사람이 꼭 있을 것 같아 불안한 마음이 들기도 한다. 지난 2년간 입찰을 70번가량 했는데도 불구하고 아직도 입찰할 때는 그런 생각이 든다.

하지만 그것에 흔들릴 필요는 없다. 그저 내가 생각했던 가격을 적어 내어 낙찰되면 정말 기쁜 것이고 떨어지면 다음 기회를 기약하면 된다.

해마다 차이는 있지만 한 해에 나오는 경매물건이 보통 30~40만 건 정도다. 그 물건이 아니라도 더 좋은 물건은 수두룩 빽빽하다. 떨어졌으면 즉시 입찰보증금을 돌려받은 후 다른 물건을 찾고, 낙찰받았으면 다음 단계로 넘어가자.

보통 낙찰 일주일 후에 매각허가 혹은 불허가 결정이 난다. 낙찰받은 후에도 일주일 안에 부동산 소유자가 채권자와 합의를 한다거나 경매 신청인의 채권을 상환하는 등의 일이 가끔 발생한다. 혹은 낙찰자가 모종의 사정이나 '매각물건명세서' 상의 오류를 들어 불허가를 요청하기도 하는데 그런 경우에는 매각불허가 결정이 나는 경우가 많다.

그렇지 않은 경우에는 매각허가 결정이 나는데, 이때부터 정식으로 '매수인'이 되는 것이다. 매각허가 결정이 떨어지기 전에는 '최고가 매수신고인' 자격에 불과하다.

그럼 '매수인'과 '최고가 매수신고인'의 차이는 무엇일까? 간단히 말하면 자격의 차이인데, '매수인'은 해당 경매 사건의 이해관계인이 되는 것이고 '최고가 매수신고인'은 그렇지 못하다. 때문에 '매수인'이 되면 본인 요청에 의해 해당 물건에 대한 각종 기록을 열람할 수 있는 권리가 생긴다(요청은 담당 경매계에 한다).

매각허가 결정이 나면 그 다음 ⑥, ⑦, ⑧단계는 동시에 진행해야 한다. 일단 입찰 시에 납부한 보증금을 제외한 잔금을 납부하여야 하는데, 그 기한은 낙찰일로부터 30~45일 사이로 결정되는 것이 보통이다.

이 잔금 납부기한은 매각허가 결정이 나고 3~4일 이내에 집으로 통지된다. 잔금을 자기자금으로 모두 충당한다면 상관없지만, 일정 부분 대출을 받으려 한다면 이때 여러 명의 대출담당자들과 통화하여 그중 가장 좋은 조건의 대출을 결정하는 것이 좋다(보다 좋은 조건으로, 자신에게 맞는 대출을 받는 방법은 뒤에 다시 기술하겠다).

대출을 받기로 결정하면 잔금 납부와 소유권 이전은 법무사를 통해서 이루어진다. 잔금 납부를 위한 대출금을 개인에게 직접 전달해주는 것은 은행입장에서 큰 위험을 수반한다. 그러므로 은행은 잔금 납부일에 해당 법무사에게 약정한 대출금을 송금하고 법무사는 낙찰자가 보낸 나머지 잔금과 대출금을 합하여 법원에 잔금 납부 및 소유권 이전 절차를 마친다. 때문에 양심적이고 좋은 법무사를 만나는 것도 중요하다.

매각허가 결정이 나고 잔금 납부기한까지는 3주 이상의 기간이 있다. 그렇다고 이 기간에 멀뚱멀뚱 시간 가기만 기다리고 있는 것은 적당치 못하다.

사실 이 기간이 경매 전체 기간에서 가장 핵심적인 시간이다. 이 기간에 현재 점유자와 '명도 협상'을 해야 하기 때문이다. 가장 좋은 것은 잔금 납부기한 전에 명도하는 것이고 늦어도 배당기일까지는 명도를 마치겠다는 마음으로 협상하여야 한다.

잔금 납부기한 후 25~40일(단일 사건인 경우) 안에는 배당기일이 잡힌다. 배당기일에는 해당 물건의 채권자가 미리 나온 배당표에 따라 배당금을 수령한다. 은행이나 가압류권자 등의 배당은 낙찰자와 거의 관련이 없다. 하지만 세입자나 전 소유자의 배당은 낙찰자에게 상당한 의미가 있으므로 배당일자와 금액을 꼭 확인해야 한다.

이렇게 배당을 마치고 명도가 끝났으면 그 부동산에 대한 진정한 소유권을 획득했다고 볼 수 있다. 법무사가 잔금을 납부하고 소유권 이전이 끝났을 때에 서류상으로는 소유권을 취득한 것이지만 다른 사람이 점유하고 있는 상태에는 그 부동산이 진짜 내 것이라고 보기 어렵기 때문이다.

이제 진짜 주인이 되었다면 그 부동산을 취득하기 위한 목적대로 사용하면 된다. 수리를 거쳐 내가 입주해도 되고, 내부를 보기 좋게 꾸민 후 임대해도 좋다. 혹은 마땅한 매수자를 구해서 적절한 가격에 되팔아도 된다.

꼭 큰 집이나 타워팰리스처럼 고가의 집이 아니라도 처음 내 부동산을 가졌을 때의 기분은 상당히 그럴 듯하다. 내 이름으로 처음 소유하게 된 부동산은 인천 서구에 있는 3,000만 원가량의 작은 오피스텔이었다. 그 부동산을 낙찰받고 무사히 명도까지 마친 날, 아내와 나는 근사한 레스토랑에서 와인을 마셨더랬다.

법원 경매입찰표 작성요령

경매 당일 입찰을 위해서는 신분증과 도장, 입찰보증금을 지참하여, 입찰 시간 내에 해당 법원에 방문하면 된다. 입찰 시간은 법원별로 차이가 있으니 사전에 확인하고 입찰 시간에 늦지 않도록 하자(보통 오전 10~11시 사이에 입찰하는 경우가 많지만 더 늦게까지 입찰을 허용하거나 오후에 입찰하는 법원도 있다).
입찰표에 기재된 목록에 맞추어 입찰자 신상 및 사건번호, 물건번호, 보증금액, 입찰금액 등을 빠짐없이 기재하고, 도장으로 날인한다. 사건번호는 물론, 여러 건의 물건이 함께 나온 경우에는 물건번호까지 반드시 기재하여야 한다.
입찰표 작성을 마쳤으면 입찰보증금 봉투에 사건 · 물건번호 이름을 기재하고 날인한 후, 준비해 온 보증금을 넣는다. 그리고 입찰 대봉투에 기재사항을 적어 넣은 후 보증금봉투와 입찰표를 넣어 법원 사무관에게 제출한다. 입찰보증금은 일반적으로 경매 최저가의 10%인데(2002년 7월 이전 사건은 입찰가액의 10%) 이전 입찰자가 미납하여 재경매로 나온 경우, 최저가의 20% 혹은 30%인 경우도 있으니 입찰 전에 놓치지 말고 확인하자.

기일입찰표

(앞면)

기 일 입 찰 표

지방법원 집행관 귀하 입찰기일 : 2009 년 1 월 1 일

사 건 번 호	2008 타 경 1111 호	물 건 번 호	3 ※물건번호가 여러개 있는 경우에는 꼭 기재

입 찰 자	본인	성 명	이 몽 룡	전화 번호	010-123-4567
		주민(사업자) 등록번호	790101-123456	법인등록 번 호	
		주 소	전북 남원시 광한루 111-10		
	대리인	성 명		본인과의 관 계	
		주민등록 번 호		전화번호	–
		주 소			

입찰 가격	천억	백억	십억	천만	백만	십만	만	천	백	십	일		보증 금액	백억	십억	억	천만	백만	십만	만	천	백	십	일	
			1	2	3	4	0	0	0	0	0	원					8	5	0	0	0	0	0	0	원

보증의 제공방법	☐ 현금·자기앞수표 ☐ 보증서	보증을 반환받았습니다. 입찰자 이 몽 룡

주의사항.
1. 입찰표는 물건마다 별도의 용지를 사용하십시오, 다만, 일괄입찰 시에는 1매의 용지를 사용하십시오.
2. 한 사건에서 입찰물건이 여러 개 있고 그 물건들이 개별적으로 입찰에 부쳐진 경우에는 사건번호 외에 물건번호를 기재하십시오.
3. 입찰자가 법인인 경우에는 본인의 성명란에 법인의 명칭과 대표자의 지위 및 성명을, 주민등록란에는 입찰자가 개인인 경우에는 주민등록번호를, 법인인 경우에는 사업자등록번호를 기재하고, 대표자의 자격을 증명하는 서면(법인의 등기부 등·초본)을 제출하여야 합니다.
4. 주소는 주민등록상의 주소를, 법인은 등기부상의 본점소재지를 기재하시고, 신분확인상 필요하오니 주민등록증을 꼭 지참하십시오.
5. <u>입찰가격은 수정할 수 없으므로, 수정을 요하는 때에는 새 용지를 사용하십시오.</u>
6. 대리인이 입찰하는 때에는 입찰자란에 본인과 대리인의 인적사항 및 본인과의 관계 등을 모두 기재하는 외에 본인의 위임장(입찰표 뒷면을 사용)과 인감증명을 제출하십시오.
7. 위임장, 인감증명 및 자격증명서는 이 입찰표에 첨부하십시오.
8. 일단 제출된 입찰표는 취소, 변경이나 교환이 불가능합니다.
9. 공동으로 입찰하는 경우에는 공동입찰신고서를 입찰표와 함께 제출하되, 입찰표의 본인란에는"별첨 공동입찰자목록 기재와 같음"이라고 기재한 다음, 입찰표와 공동입찰신고서 사이에는 공동입찰자 전원이 간인하십시오.
10. 입찰자 본인 또는 대리인 누구나 보증을 반환받을 수 있습니다.
11. 보증의 제공방법(현금·자기앞수표 또는 보증서)중 하나를 선택하여 ☑표를 기재하십시오.

위임장

위 임 장

대리인	성 명		직업	
	주민등록번호	-	전화번호	
	주 소			

위 사람을 대리인으로 정하고 다음 사항을 위임함.

다   음

지방법원   타경   호 부동산

경매사건에 관한 입찰행위 일채

본인 1	성 명	(인감인)	직 업	
	주민등록번호	-	전 화 번 호	
	주 소			
본인 2	성 명	(인감인)	직 업	
	주민등록번호	-	전 화 번 호	
	주 소			
본인 3	성 명	(인감인)	직 업	
	주민등록번호	-	전 화 번 호	
	주 소			

* 본인의 인감 증명서 첨부
* 본인이 법인인 경우에는 주민등록번호란에 사업자등록번호를 기재

지방법원 귀중

경·공매에는 부동산만 있는 것이 아니다

· 자동차 구입하려면? 법원마트로 가요.
· 자동차 경매하려면? 차량 확인+차량 사고 이력.
· 경매, 공매에는 안파는 물건이 별로 없다.

　앞서 기술했듯이 자기자본 몇 백만 원 이상만 있으면 부동산 경·공매에 참여할 수 있다. 그렇다면 경매, 공매로는 부동산만 거래될까?

　그렇지 않다. 자동차, 건설장비, 콘도회원권, 냉장고나 세탁기, 심지어 주유소 지붕도 경매, 공매로 매각된다. 아무래도 이런 것들은 부동산보다 매각금액이 상당이 낮은 것이 일반적이다. 때문에 보다 적은 자본으로 접근할 수 있다는 장점이 있다.

　또한 위의 동산들은 특별한 권리분석이 필요 없는 경우가 대부분이기 때문에 해당 동산에 대한 관심과 기본 지식이 있는 사람은 부담 없이 실행해 볼 수도 있다.

　또한 그 분야에 남들보다 높은 관련 지식을 가졌다면 부동산 경매를 위한 전 단계가 아니라 해당 분야에서 경력을 쌓아 그 분야의 전문가가 되는 것도 좋다.

　위에서 설명한 것 중에 보다 대중적이고 물건 수가 충분한 분야를 꼽는다면 자동차 경·공매와 동산 경매를 들 수 있다.

　자동차 경·공매는 입찰까지의 과정과 방법이 부동산과 동일하다.

　경매는 해당법원에 지정된 기일(혹은 기간)에 입찰표와 입찰보증금

10%를 준비하여 입찰하는 것이다. 공매는 온비드 싸이트(www.onbid.co.kr) 내에서 해당 기일에 온라인 입찰을 하면 입찰마감일 기준 다음날에 결과를 발표한다. 물론 두 경우 모두 입찰 전 본인이 희망하는 차량 소재지를 방문하여 차량에 대한 충분한 조사를 해두어야 한다.

특히 배터리가 방전되었거나 차량 열쇠가 해당 주차장이 아닌 다른 곳(법원 집행관실, 채권자 등)에 있는 경우 시운전을 할 수 없기 때문에, 입찰에 어느 정도 위험부담이 따를 수 있다. 그러나 차량 내외부 체크를 꼼꼼히 하고 보험개발원에서 제공하는 차량 사고 이력 정보를 참고한다면, 위험의 상당부분을 줄일 수 있다.

본인이 차에 대해 잘 알지 못한다고 생각하는 경우에는 주위에 잘 아는 사람(정 없으면 가까운 카센터 직원에게 부탁해서 하루 답사를 다녀오라. 수고비 몇 만 원보다 얻는 정보가 훨씬 값지다)과 반드시 함께 차량을 확인하자. 어느 분야이든 본인이 잘 모른다면 스승이 필요하다.

차량 경·공매 외에 또 하나의 틈새 시장으로 동산 경매가 있다. 동산 경매에는 세탁기, 냉장고, 에어컨 같은 생활가전용품을 비롯해 사무용품, 산업용품, 건축자재, 재고상품, 주식, 회원권 등 다양한 종류가 있다. 다양한 종류가 있다는 것은 자기가 속한 분야나 직업에 관련된 물건을 접할 수 있다는 것이다.

예를 들어 혹 부동산에는 문외한이라 섣불리 부동산 경매에 뛰어들기는 어렵다고 해도 직업이 건축업 방면이라면 건축비품이나 자재가 동산 경매에 부쳐졌을 때 적극적으로 참여해 볼 수 있다.

차량 주차비는 어떻게 하나?

보통 경·공매 정보를 열람할 때 '주차료가 연체되어 있을 수 있으니 입찰 시 참고 바랍니다' 라는 문구를 볼 수 있다. 이 때문에 많은 사람들이 해당 차량에 대한 주차비용을 낙찰자가 납부해야 하는 것으로 알고 있다는 것이다.

보통 차량이 채권자에게 인도되어 경·공매 절차가 진행되기까지 짧으면 3개월, 길면 6개월에서 1년까지도 소요된다. 그래서 주차비용이 수십만 원에서 100만 원이 훌쩍 넘는 경우도 허다하다.

예를 들어 중고 시세가 500만 원가량의 차량을 400만 원에 낙찰받아서 50만 원의 주차비를 지불하고 나면 굳이 경매를 통해 차량 구입할 이유가 없어진다. 그래도 50만 원 저렴하게 샀으니 잘한 것일까? 시운전도 못해보고 몇 달간 운행하지 않아 차량 성능이 떨어져 있을 것으로 보이는 차량을 그 정도 가격 차이로 구입했다면, 그냥 중고차 직거래나 중고차 매매상에서 매입하는 것보다 나을 것이 없다.

주차비는 낙찰자가 부담하는 비용이 결코 아니다. 주차비용은 경매의 원활한 진행을 위하여 발생한 비용이기 때문에 법원에서 납부를 책임지도록 되어 있다. 그리고 낙찰금액에서 주차비용을 제한 금액이 채권자들에게 배당된다. 때문에 낙찰자는 본인의 낙찰금액만큼만 법원에 납부하면 소유권 이전이 가능하다.

물론 소유권 이전 후 바로 차량을 찾아가지 않고 며칠 후에 인도한다면 법규상으로는 소유권 이전 후의 주차비용은 낙찰자가 부담해야 한다(그러므로 차량은 잔금 납부 후 즉시 절차를 밟고 찾아오는 것이 좋다).

하지만 이를 낙찰자 본인이 주장하지 않으면 법원이나 주차장 측에서 알려주는 경우는 드물다. 심지어 주차장에서는 '차량을 갖고 가려면 응당 그간 주차비를 납부하여야 하지 않겠는가' 라고 주장하는 경우도 빈번하다. 때문에 잘 모르는 사람들은 낙찰 후 잔금 이외에 주차비용까지 모두 지불하고 차량을 인도해 간다. 차량 인도 시 주차장에서 주차비용에 대해 언급하면 법원 담당계로 전화하여 주차장 측과 통화시켜 주는 것도 좋은 방법이다.

동산 경매의 특징은 다음과 같다.

① 사전 조사가 어렵다.

② 입찰 후 즉시 그 자리에서 낙찰자가 가려진다.

③ 법원 경매의 비공개 일괄입찰이나 공매의 인터넷 입찰방식이 아닌 호가 방식이다(미술품 경매나 예전 법원 경매에서 쓰인 방식으로 영화에서 많이 볼 수 있다).

④ 낙찰받으면 그 자리에서 낙찰금액을 집행관에게 완납하고, 즉시 인도할 수 있다.

⑤ 첫 회에는 채무자 부재 시 자동 유찰(연기)된다(공들여 방문했는데 허탕을 칠 수 있다는 뜻). 그러나 2회부터는 부재중이라도 집행관 재량으로 개문 후 경매가 진행된다.

⑥ 보통 원 주인이 함께 있는 경우가 많으므로 인도적으로 마음에 걸리는 것이 사실이다. 아무리 채무를 상환하지 않아 경매가 진행된 것이라도 어제까지 자기가 쓰던 물건이 경매로 넘어가면 기분 좋을 사람이 있겠는가?

동산 경매에서의 동산은 일반적으로 채무자가 점유하고 있기 때문에 대개 사전 조사가 어려운데, 이는 곧 불확실성과 위험을 의미한다. 때문에 동산 경매의 낙찰가율은 시세 대비 크게 낮다. 특히 냉장고, 세탁기 같은 일반 품목이 아닌 생산기기, 산업용품 같은 전문용품은 낙찰가가 시세대비 훨씬 더 낮다(일반용품은 중고 시세 대비 30~60%, 전문용품은 중고 시세 대비 5~40% 선).

이것이 바로 기회가 될 수 있는 이유다. 물건 확인이나 매입은 매각일에 물건 소재지를 방문하여 마치고, 자신만의 판매 루트만 개척한다면 단기간에 상당한 수익을 기대할 수 있다. 부동산처럼 낙찰 후 매각까지 수개월 이상 소요되지 않는다. 빠르면 당일 낙찰받아서 그날 즉시 판매하여 수익을 챙길 수도 있다. 여기서 중요한 점은 자신만의 판매 루트 여부인 것이다.

온라인상의 판매 루트로는 C2C(개인 대 개인) 온라인 마켓 플레이스(G마켓, 옥션 등)가 있고, 다음, 네이버의 중고 카페를 활용하거나 키워드 등록을 통한 자기 홈페이지를 운영하는 방법 등이 있다.

오프라인은 자기 인맥을 통한 매매나 점포 운영 등이 있다. 이것은 개인에 따라 성공여부가 크게 갈리기 때문에 자신 있는 분들에게는 권하고 싶다. 그렇지 않은 분들은 온라인 쪽으로 개척해 보는 것이 좋다.

관심이 있는 분들은 일단 온라인 마켓이나 중고 카페에서 본인이 생각하는 물건을 검색해 보자. 그래서 경쟁자가 얼마나 있는지, 판

--------------------------------------- Special

> **정보 공시 사이트**
>
> 부동산 경·공매: http://www.courtauction.go.kr, http://www.onbid.co.kr
> 동산 경매: http://marshal.scourt.go.kr

매가격이 얼마나 되는지, 홍보 문구는 어떻게 작성하는지 등을 훑어 보자. 처음에는 어렵게 느낄 수 있으나 딱 한 번만 경험해 보면 매우 쉽게 느껴질 뿐만 아니라 거의 비용도 들지 않는다.

낙찰 후 처음 글을 올리고 판매하려면 시행착오가 있을 수 있으니 입찰하기 전에 자신의 물건을 아무것이나 하나 판매해 보자. 집안에 있는 어떤 물품이라도 좋다. 다른 사람이 필요로 할 만한 물건이면 어떤 것이든 무방하다.

지금은 사용하지 않는 중고 휴대폰, 구식 VTR, 구형 냉장고, MP3 플레이어, 강아지 등 온라인에서 중고로 판매되는 물건들의 종류는 상상을 초월한다.

일단 글을 올린 후 사람들의 반응을 보고 에누리나 제품 배송 방법 등 여러 가지 흥정 절차를 거쳐 판매하고 나면 그 과정을 체득할 수 있다. 이런 부분은 어느 정도 나이가 있는 분들이 더 어려워하는 경향이 있다. 처음에는 주위 젊은이들에게 도움을 요청하는 것도 좋은 방법이다. 처음 한 번이 어렵다. 딱 한 번.

경매 시작 전에 나만의 캐시카우를 확보해라
· 수익금 재투자는 기본 중의 기본이다.

경매를 시작하는 과정에 대한 이야기를 조금 해보려고 한다. 많은 선배들이 이야기했듯이, 경매를 하기 위해서 반드시 큰 자본이 필요한 것은 아니다. 적으면 적은 대로 시작할 수 있는 것이 경매이기도 하다.

지금 경매 사이트에 가서 500만 원 이하 물건들을 검색해 보아라. 2008년 6월 지금 이 순간에도 최저가 500만 원 이하 물건들이 2,100여 건 정도다. 이 중 좋은 물건도 있고 그렇지 않은 물건도 있겠지만, 이 2,100여 건 중에 500만 원보다 훨씬 큰 가치를 지닌 물건은 틀림없이 존재한다. 따라서 우수한 물건을 고를 수 있는 안목과 실행력만 있다면 이 글을 읽는 모든 사람은 지금 당장이라도 경매 시장에 도전할 수 있다.

500만 원에 낙찰받는다고 그 돈의 전액이 요구되는 것도 아니다. 소액이라 대출이 쉽지 않겠지만 우량 물건이라면 50~70%가량 대출이 가능하다.

개인적인 생각이지만 처음부터 경매를 전업으로 시작하는 것은 추천하고 싶지 않다.

일단 경매로 벌어들인 돈은 모두 재투자한다고 마음먹고, 생활비나 기타 유지비용을 충당할 수 있는 자신만의 캐시카우를 확보해야한다. 어떤 일이든 상관없다. 회사를 다니면서 일주일에 한 번, 한 달에 한 번 답사를 다닐지언정 꾸준한 수입원은 반드시 필요하다. 그이유에는 여러 가지가 있다.

첫째, 경매 외에 자신의 일이(수입원이) 없으면 조급함에 내몰리기쉽다. 자신의 유일한 수입원이 경매이기 때문에 오로지 물건에만 매달리게 된다. 경매란 것이 어느 시점에는 집중하고 자신의 모든 열정을 바쳐야 할 때가 있지만 경매 전 과정을 통틀어 그런 시점은 일부분에 불과하고 대부분의 과정에서 경매는 '기다림'이다.

입찰할 때, 낙찰 후 낙찰 물건을 방문하여 점유자와 대면할 때, 명도 협상할 때, 모두 정리하고 세입자(혹은 매수자)를 기다릴 때 등 많은 부분에서 경매는 '여유'와 '인내'가 요구된다. 앞에 기술한 모든 경우가 나 혼자만이 아닌 '일 대 일' 혹은 '일 대 다자' 간의 게임이기 때문에 '기다림'은 더욱 필요하다.

앞선 사례에서도 보았듯이, '기다림' 그 자체가 경매의 수익률을 상당히 높여준다. 때문에 경매 외에 자신의 일을 갖고 평소에는 자신의 일에 매진하다가 필요한 순간에만 경매에 몰두하는 것이 훨씬 효율적이다.

둘째, 처음 경매를 시작할 때는 자본금이 얼마인지 크게 상관없지만, 이 후 경매를 통해 벌어들인 수입은 반드시 재투자되어야 한다. 고등학교 때 배운 복리 효과를 기억하는가? 100원을 투자하여 매년 10%의 수익이 난다면 10년 후에는 얼마가 될까?

두 가지 결과가 있는데 만약 매년 10%씩의 수익(100원의 10%이므로 10원)을 소비해 버린다면 총 수익은 100원(10원×10년), 원금과 수익을 합한 금액은 200원이 된다(헷갈린다면 단리로 생각하시라). 하지만 매년 수익을 소비해버렸기 때문에 남는 금액은 100원이다.

그리고 매년 10%의 수익금을 재투자한다면(복리) 259.4원가량이 된다$[(100 \times 1.1)^{10}]$.

똑같이 1년에 10%의 수익이 났는데, 10년 후 한 쪽은 원금이 그대로이고 또 한 쪽은 원금의 2.6배가 되었다. 이 작은 차이가 굉장한 격차를 가져온 것이다.

케이스마다 차이가 있겠지만 경매를 진행하며 연간 10% 수익률은 결코 큰 것이 아니다. 투자금액이 수십억 원 이상으로 매우 클 때는 연간 수익률 10%도 상당한 결과지만, 투자금액이 몇 천만 원, 몇 백만 원일 때는 연간 수익률이 30%를 넘을 때 좋은 물건으로 본다. 경우에 따라서는 수익률이 수백 퍼센트 혹은 무한대인 경우도 있다.

어쨌든 내 경우에는 캐시카우가 과외연결회사였고, 주위 경매를 하는 지인들은 일반 회사원, 촬영감독, 학원강사 등 다양한 직업을 갖고 있다. 물론 전업 투자자도 있지만 그들은 투자금이 10억 원 이상이다.

실패란 없다!
확실한 실전 경매 노하우

나만의 물건 찾기. 그것을 내 것으로 만들기

· 투자 수익률은 입찰 전에 결정된다.

이제 물건 찾기부터 낙찰 단계까지 설명해 보겠다. 미리 말하지만 아래는 내 사례에 비춘 추천 단계일 뿐 절대적인 왕도는 아니다. 하지만 자신만의 노하우가 아직 없다면 무작정 따라해 보는 것도 좋을 것이다.

1단계, 경매 사이트에서 맘에 드는 물건들을 뽑은 후 부동산 사이트에서 시세 조사를 한다(매매가, 전세 시세, 월세 시세).

2단계, 투자하려는 물건의 테마에 따라 주안점을 달리 둔다.
예를 들어 재개발 · 재건축 지역에 대한 투자라면 당장 전월세 시세보다는 개발구역과의 위치, 개발진척 속도, 실제 지분가격, 거래 용이성 등을 따져야 한다. 임대수익을 위한 투자라면 매매가보다는 월세 시세, 공실률, 임대 수요 등을 꼼꼼히 체크해야 한다.

요즘은 세상이 워낙 좋아져서 집에 앉아서도 온라인으로 지도, 시세, 개발계획 등을 확인할 수 있다(해당 사이트는 부록에 기재하였으니 수시로 방문해보자). 시세 등은 사이트에 나온 것을 액면 그대로 믿지 말고(MB정부에서 온라인 허위매물, 미끼매물 정보를 근절하기 위한 노력을 기울이고 있지만 아직도 허위매물은 상당수 존재한다) 유선상으로 먼저 확인해보는 것이 좋다.

그리고 재개발, 재건축 등이 기재된 지도는 온라인상으로 꼼꼼히 찾아보기 어려우니 그쪽에 관심 있는 독자의 경우 개발지도 한 권 정도 반드시 비치해 두길 권한다.

2단계까지 거친 물건은 어느 정도 옥석이 가려졌을 것이다. 경매물건이 좋아보여 조사했는데 개발 지역이 아닌 존치구역일 수도 있고, 생각보다 임대료 수준이 낮아서 별로 수지가 맞지 않을 수도 있다.

하지만 1~2단계를 많이 반복할수록 부동산 시장에 대한 전반적인 감각이 높아져서 나중에는 동 이름만 들어도 개발계획, 부동산 시세 등을 줄줄 말할 수 있는 수준에 가까워질 것이다. 괜히 헛고생했다고 생각지 말고 좋은 공부라고 받아들이길 바란다.

3단계, 투자하고자 하는 후보 물건이 어느 정도 압축되었다면, 다시 경매 사이트에서 '주변 낙찰 사례'와 '유사 물건의 감정가 대비 낙찰가율'을 체크하여 원하는 물건의 예상 낙찰가액을 뽑아보자.

2단계에서 조사하였던 시세나 임대료 수준과 예상 낙찰가액을 비교하면 예상 수익률을 구할 수 있다. 경매가 워낙 대중화되어 여러 사례들에 비추어서 예상 낙찰가액을 뽑아보면 실제 낙찰가는 이보다 높으면 높았지 더 낮은 경우는 드물다. 때문에 예상 낙찰가는 최대한 보수적으로 잡는 것이 좋다.

4단계, 수익률을 계산할 때는 대출가능 금액을 확인한 후 대출포함 후 수익률을 산정하라.

예를 들어 낙찰가 3,000만 원의 오피스텔이 수익률 30%를 달성하려면 임대료가 연 900만 원, 월 75만 원이어야 한다. 때문에 이는 현실적으로 불가능하다(이는 정말 1년에 몇 건 되지 않는 특수한 경우이기 때문에 불가능이라고 표현하였다).

그러나 이자율 7%의 대출을 70% 받고 보증금 500만 원에 월세 30만 원이라고 하면(계산의 편의를 위해 취등록세 및 법무비용, 명도비용 등은 낙찰가에 포함시켰고, 잔금 납부 후 임대까지의 이자비용은 포함하지 않았다), 다음과 같다.

① 투자 부분
· 낙찰가: 3,000만 원
· 대출액: 2,100만 원
· 잔금 납부 시점까지의 실투자액: 900만 원

· 보증금: 500만 원
· 보증금 회수 후 실투자액: 400만 원

② 수익 부분
· 월세: 30만 원
· 이자비용: 2,100만 원 × 0.07 × 31 ÷ 365(혹은 30 ÷ 365) = 12만
   4,800원
· 월 순수익: 17만 5,200원
· 연간 순수익: 210만 2,400원
· 예상 연간수익률: 52.56%(연간 순수익 ÷ 실투자액)

상당한 수익률이라고 생각하지 않는가? 이 정도 물건은 앞서 말한 대로 1년에 수만 건이 존재했고 앞으로도 존재할 물건들이다. 물론 건당 수익 금액이 적다고 느끼는 독자들도 있을 것이다.

하지만 어떤가? 적은 금액의 투자로 내 자산이 나를 위해 꼬박꼬박 돈을 벌어온다는 것이 즐겁지 않은가? 만약 위와 같은 물건을 10개 혹은 100개 잡는다면? 상상만 해도 짜릿하다.

이러한 물건 10개를 잡는 데 소요되는 비용은 총 4,000만 원이고 그러면 월 순수익이 175만 원가량이 된다. 어떠한가, 4,000만 원으로 어느 정도의 자산 수입을 기대해보는 것이? 뒷부분에 자세히 서술하겠지만 심지어는 4,000만 원보다 적은 금액으로도 같은 물건들에 투자할 수 있다.

5단계에서는 이제 과감하게 현장 답사를 가보자.

시간이 없다, 거주지역과 멀다, 확신이 없다 등의 이유 따위는 집어치우자. 누구라도 일주일에 한 번 혹은 한 달에 한 번은 자기시간이 있을 것이다. 그 황금 같은 시간을 더 큰 황금을 만드는 데 투자하라.

다세대 주택이나 오피스텔 답사의 예를 들자면, 나는 먼저 주위 공인중개사무소 2~3곳과 통화를 한 후(통화할 때 관리비, 난방비 등 공과금 등도 확인해야 한다) 해당 물건지를 방문하여 내외부를 체크한다(경매 대상 물건은 벨을 눌러 내부를 확인하는 경우도 있고, 같은 구조의 다른 집을 보는 경우도 있다).

그 다음 실제 공인중개사무소를 방문하여 진짜 시세나 공실율, 주위 여건 등을 확인한다. 공인중개사무소를 방문할 때는 경매입찰을 위한 조사임을 떳떳이 밝히고 물어보는 경우가 있고 방을 구하는 사람인양 물어볼 수도 있다.

나는 후자의 방법을 선호한다. 아무래도 더 친절하고 자세히 설명해 주는 까닭이다. 하지만 임차인에게는 밝히지 않는 정보들이 다수 존재하기 때문에(예: 도로변이라 시끄럽다, 좀도둑들이 많다, 버스정류장과 가까우나 노선버스 수가 적다 등) 설명해 주지 않을 만한 것에 대한 질문을 미리 준비하고 부동산 중개인 말의 행간을 잘 읽는 것도 중요하다.

6단계에서는, 미리 뽑아두었던 예상 낙찰가율과 실제 조사에서 나온 임대료 수준을 고려하여 입찰가를 결정하라.

개인적으로 경매 당일에 법원에서 입찰가를 정하는 것은 권하지 않는다. 법정 분위기에 휩쓸리지 말고 미리 입찰가를 정해서 당일에는 틀리지 않게 작성만 잘하라. 그리고 낙찰 여부는 하늘에 달렸다. 떨어지면 좋은 공부한 것이고, 낙찰되었으면 이제 명도 실전 공부에 들어가는 것이다. 명도에 대한 부분은 케이스도 많고 기술할 분량도 많으니 몇 차례에 걸쳐 나누어 설명하겠다.

권리분석 고민하지 마라

· 권리분석은 단기간에 끝낼 것이 아니다. 일단은 기초만으로도 충분하다.

2006년 경매강좌를 신청하고 수업을 듣던 즈음이다. 그간 많은 경매 관련 카페에 가입해서 여러 칼럼들을 읽으며 많은 교훈을 얻어 왔지만 막상 수업을 듣기로(그것도 유료 강좌를) 결정한 것은 생각보다 고민되는 일이었다.

경매에 대한 책은 여러 권 읽었으나 집중해서 공부한 것이 아니고, 권리분석 부분에서 복잡하거나 난해해 이해가 안 가는 부분은 그냥 넘어가 버리는 식이었기 때문에 실제로 경매에 대해 잘 안다고 할 만한 수준이 아니었다.

수업을 신청한 다른 사람들은 경험이 어느 정도 있어서 그 수준에 맞는 수업을 하면 내가 낙오될 것만 같은 불안감이 컸다. 하지만 결국 수업 신청을 하고 수업료를 지불했다.

모든 일이 다 마찬가지인 듯하다. 고민하다가 포기해버리면 그저 본인의 고민의 폭을 조금 넓힌 것 외에는 제로 상태가 된다. 하지만 그것이 자기 삶에 큰 짐이 될 만큼 위험한 것이 아니라면 시도하라. 시도하는 것이 포기하는 것보다는 훨씬 나은 결과를 가져온다. 설령 결과가 실패로 돌아간다 해도 그것은 일시적인 실패일 뿐이다. 그 실패들이 나의 성공을 불러온다.

강의는 생각보다 훨씬 유익했다. 선생님은 딱딱한 권리분석을 실제 사례와 엮어서 재미있게 진행했고, 수업으로 들으니 내용 이해도 훨씬 빨랐다. 여러 번의 수업을 마치고, 나는 어느 정도의 자신감과 (아직도 미천한 실력이었음에도) 좋은 동기들을 얻게 되었다. 새로 생긴 좋은 인간관계는 보너스였다.

Special

권리분석은 진정 간단하다

만약 해당 법규에 대한 근본적인 고찰까지 원한다면 그 길은 멀고도 험하다. 하지만 우리가 원하는 것이 학자의 길이 아니고 실전경매라고 한다면, 실전을 위한 권리분석은 생각보다 훨씬 간결하고 쉽다. 물론 권리적으로 난해하고 복잡한 물건은 분명 있다. 하지만 그건 전체 물건의 지극히 일부분이다. 전체 물건의 90% 이상은 지극히 평이하다. 왕초보가 권리분석 공부 6시간만 해도 쉽게 이해할 수 있을 만큼.

그리고 그 90% 안에도 수익성 높은 물건들은 매우 많다. 그러므로 권리분석에 대한 모든 내용을 이해하고 실전에 임한다는 생각을 버리고 딱 6시간만 공부하라. 하루에 1시간 씩 6일간, 그것도 지루하면 30분씩 12일이면 된다.

권리분석에 어느 정도 감이 트이니 경매물건들을 보아도 더 집중해서 볼 수 있게 되었다. 이전에는 사이트에서 맘에 드는 물건을 보아도 권리적으로 안심할 수 없는지라 그냥 스쳐보는 정도였는데 이제 좋은 물건을 만나면 자세히 관찰할 수 있게 된 것이다.

기초적인 권리분석을 이해했으면 경매 사이트를 무작정 뒤져 보자. 내 상황에 맞는, 마음에 드는 물건이 분명히 존재할 것이다. 그러면 그 물건지를 방문하고 인근 부동산도 돌아다녀 보자.

공인중개사무소에 확인할 점은 매매가, 전월세가, 원활한 거래 여부 등이다. 기왕이면 과거 1~2년간 시세 추이, 향후 발전 가능성까지 체크해 두면 더 좋다.

물론 매수인 입장으로 방문하면 중개인은 긍정적인 부분 위주로 설명해주기 때문에 설명 그대로보다는 그 이면에 있는 객관적 사실을 잡아내는 것이 매우 중요하다. 때문에 부동산을 방문하기 전에 반드시 해당 지역에 대해 충분히 연구하고 분석해야 한다. 적어도 면적에 따른 매매, 임대가는 머릿속에 넣어 가야 한다.

권리적으로 문제가 없고(혹은 문제가 있더라도 해결할 수 있거나) 거래 가격도 입찰하기에 메리트가 충분하다면 본인이 희망하는 이익 비율을 결정하라.

예를 들어 급매가가 1억 원이고 10% 이상 이익을 생각한다면 취득 과정에서 드는 각종 비용을 고려해서 입찰가는 9,000만 원을 넘기면 안 될 것이다. 보통 구입 금액이 커질수록 이익률은 낮아지고

(이익률이 낮아도 절대금액이 크므로) 금액이 적을수록 희망 이익률은 높아진다.

입찰가를 결정했으면 법원에서 입찰표를 작성할 때도 절대 흔들리지 말고 그 금액을 기재하라. 법원에 가서 많은 사람들 틈에 있으면 낙찰에 대한 부담감 때문에 입찰 금액을 높이는 사람들이 많은데, 그건 자기 스스로의 통제력을 잃는 행위다. 낙찰 이후를 생각해서라도 자신의 본래 의지를 최대한 지켜야 한다.

권리분석의 처음이자 끝 '매각물건명세서'
· 대법원 경매 사이트에서 얻을 수 있는 값진 정보는 매우 많다.

권리분석을 하는 방법에는 여러 가지가 있는데, 내가 권하는 것은 '매각물건명세서와 친하게 지내기'다.

매각물건명세서란, 어떤 물건이 경매로 진행되기 전에 그 물건에 대한 주요 권리 관계에 대하여 제3자에게 공시해 주는 서류다. 그리고 매각물건명세서에 서술된 권리 내용에 오류가 있는 경우 법원에서 그 책임을 진다.

바로 이 점 때문에 우리는 매각물건명세서를 철썩같이 믿어도 별탈이 없다. 거기에 기재된 대로 믿고 입찰하였다가 실제로 보니까 아니라고 하면(기재 내용과 현황이 다르면) '매각불허가신청, 매각허가에 대한 이의신청, 매각허가 결정에 대한 취소신청' 등을 통해 구제

115

받을 수 있기 때문이다(구제는 입찰 보증금을 돌려받고 재경매가 진행됨을 의미한다).

하지만 '매각물건명세서' 이외의 모든 문서들은 단순 참고자료일 뿐, 결코 신뢰의 대상은 되지 못한다. 감정평가서, 점유현황조사서, 사설 경매 사이트 제공 정보 등은 물론이고 등기부등본도 100% 믿을 수 없다(한국은 등기부에 '공시력'은 인정하되 '공신력'은 부여하지 않고 있다).

예를 들어 등기부등본에는 아래의 ①, ③, ④, ⑤의 내용이 기재되어 있고, ②의 권리신고가 되어 있다고 하자.

① 근저당
② 임차인(전입신고 ○, 확정일자 ○, 배당요구 ×)
③ 근저당
④ 가압류
⑤ 가압류권자 강제 경매 신청

위의 순서로 권리 관계가 기재되어 있을 때, ① 선순위 근저당이 존재하기 때문에(말소기준권리) 경매 절차가 종결된 후, ② 이하의 권리는 모두 소멸된다고 판단하여 낙찰받고 잔금을 치른다면 낭패를 겪을 수 있다.

분명 등기부등본 상에서 확인할 수 있는 권리 관계는 위의 분석이 맞지만, 만약 ①의 근저당이 등기부 상에만 남아 있는 '빈 껍질'

권리라면, 말소기준권리는 순식간에 ①이 아닌 ③이 되고 ② 임차인은 대항력을 갖게 되어 그 보증금을 낙찰자가 모두 물어주어야 한다.

그러면 ①의 근저당이 어떻게 '빈 껍질' 권리일 수 있을까? 두 가지 경우를 볼 수 있는데, 원래 소유자가 ①의 근저당을 모두 상환했음에도 굳이 말소 등기 신청을 하지 않아서 등기부 상의 권리가 말소되지 않았을 수도 있다(권리의 실체는 없고 형식만 남은 경우).

또 한 가지는 ①의 채권 금액이 ② 임차인의 보증금 액수보다 적어서 임차인이 ① 근저당을 상환하고 자신의 대항력을 확보하는 경우도 있다(대위변제).

다시 한 번 강조하지만 '매각물건명세서' 외에 다른 문서들은 참고자료일 뿐 신뢰할 수 있는 대상이 아니다. 특히 감정평가서나 사설 경매 사이트에 기재된 내용을 맹신하는 우를 범하지 말자.

근저당권, 가압류, 가등기, 가처분, 전세권, 임차권, 지상권, 유치권, 말소기준권리 등 권리분석의 아주 기본이 되는 용어들은 익혀두어야 한다. 그래야 매각물건명세서도 충분히 이해할 수 있기도 하다.

그렇다면 매각물건명세서는 언제, 어떻게 확인할 수 있을까? 경매 일자 14일 전에는 해당 법원에서 열람이 가능하다. 하지만 실제로 방문하여 서류를 직접 확인하는 것은 시간적 부담도 크고 별 효용도 없다. 때문에 대법원 경매 홈페이지(www.courtauction.go.kr)에 해당 사건과 관련된 여러 자료를 누구나 쉽게 접근할 수 있게 하였다.

대법원 경매 홈페이지

    대법원 사이트에서 확인할 수 있는 내용은 '물건 내역', '현황조사서', '감정평가서', '매각물건명세서' 등이 있다. 사실 들어가서 보면 화면이 보기 쉽게 잘 정돈되어 있지는 않다. 하지만 입찰을 위한 핵심 서류들은 여기에서 무료로, 회원가입 없이, 자유롭게 열람할 수 있기 때문에 꼭 '즐겨찾기' 해두고 틈나는 대로 들르도록 하자.

    일단 여러 메뉴들 중 상단 세 번째에 '경매정보검색' 에서 '경매물건검색' 을 선택하자. '기일별 검색' 과 '종합 검색' 이 있다. 두 방법 모두 원하는 물건을 찾는 데 유용하니 두 가지 검색 모두 테스트해 보자.

    예를 들어 '기일별 검색' 에서 서울북부지원을 선택하면(기본은 서

매각물건명세서(대법원)

매각물건명세서

울중앙지원으로 설정되어 있다) 매각기일과 담당 경매계 리스트가 나오는데 그중 검색하고 싶은 경매계를 선택하면 그 날짜에 진행되는 해당 계의 경매물건이 모두 나온다. 그곳에서 우리가 찾는 '매각물건명세서'를 볼 수 있다. 상단 타이틀 중 '물건번호' 아래에 사각형 그림을 클릭하면 바로 '매각물건명세서'가 화면에 띄워진다.

여기에서 중요하게 볼 것은, 첫째 최선순위 설정 일자(보통 말소기준권리), 둘째 점유자 현황이다. 점유자가 임차인이라면 전입신고일자와 최선순위 설정 일자를 체크한다. 전입신고일자가 말소기준권리보다 빠르면 대항력이 존재하고, 늦으면 대항력이 존재하지 않는다.

셋째, 등기된 부동산에 관한 권리 또는 가처분 사항을 유심히 살펴야 한다. 가처분은 후순위라도 소멸되지 않는 경우가 있기 때문이다. '해당사항 없음'이면 문제의 소지가 없다.

넷째, 매각허가에 의하여 설정된 것으로 보는 지상권의 개요다. 역시 '해당사항 없음'이면 문제의 소지가 없다.

다섯째, 비고란을 살펴봐야 한다.

이 중 비고와 지상권의 개요를 제외한 나머지는 등기부등본에서, 지상권의 개요는 조금 전 언급한 '부동산 현황조사서'에서도 확인 가능하다. 그 서류 안의 많은 내용 중 중요 권리관계 부분만 요약해서 정리한 것이 바로 '매각물건명세서'다.

그리고 비고에는 유치권이나 기타 등기부등본에 기재되지 않는 권리들 중 법원에 신고된 내용을 기재한다. 이 비고는 다른 어떤 서류에서도 볼 수 없고, 오직 '매각물건명세서'만 확인이 가능하다.

그러므로 권리분석을 한다면, 입찰을 하려 한다면, 반드시 미리 '매각물건명세서'를 꼼꼼히 확인하는 것이 좋다.

대법원 사이트에서 추가적으로 확인할 수 있는 것들
· 문건처리내역만 잘 확인해도 몸 고생을 덜 수 있다.

조금 전 내용이 입찰을 준비하며 꼭 챙겨봐야 할 것들이라면, 지금 서술할 것들은 입찰과 낙찰 후 찾아볼 내용들이다. 그리고 앞의 내

대법원 경매사건검색 1

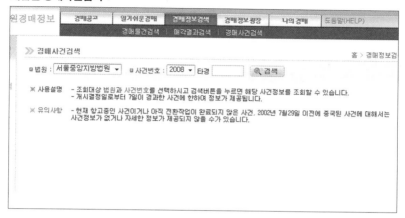

대법원 경매사건검색 2

용은 여러 사설 경매 사이트에서도 열람이 가능하지만(물론 대법원 사이트보다 보기 좋게 구성되어 있지만 대부분 유료다) 다음 내용들은 대법원 사이트에서만 확인할 수 있다.

첫 번째로 입찰 전날 밤이나 당일 오전에 법원으로 출발하기 전에 확인해야 할 것이 있다. 앞서 설명한 대로 '경매정보검색' → '경매사건검색' 으로 가면 사건번호를 입력하는 화면이 나온다.

해당 법원을 선택하고 입찰하고자 하는 사건번호를 입력하면 그 사건에 대한 여러 가지 내용을 열람할 수 있다. 그 내용을 크게 '기본내역', '물건내역', '기일내역', '문건처리내역' 등의 네 가지로 분류해 두었는데, 각각의 내용들도 경매 과정상 참고할 만하다.

그중 '문건처리내역' 은 경매 전일에 꼭 확인하는 것이 좋다. 그 이유는 '취하, 연기 가능성' 때문이다. 여러 가지 이유로 경매가 취하나 연기되는 경우가 상당히 많은데 입찰 1~2개월 전에 취하되면 사설 사이트에도 취하된 것이 공지되고, 대법원 사이트 내에 '기본내역' 에서도 취하되었다고 기재된다.

하지만 입찰 며칠 전에 취하되는 경우에는 그렇지 않다. 담당 경매계에 문의하거나 경매 게시판에 직접 가서 확인하는 방법밖에 없다. 열심히 준비하고 입찰을 위해 법원을 방문했는데 취하 혹은 연기된 것을 발견하면 정말 맥이 쏙 빠지는 일일 것이다.

앞에서도 언급했지만 나는 이것을 첫 입찰 때 경험해 보았다. 분명히 사설 경매 사이트에서 전날 밤에 봤을 때도 취하되었다는 말이 없었다.

그 후부터는 입찰 전일 대법원 사이트에서 '문건처리내역' 을 반드시 확인한다. 사이트에서는 해당 경매에 관련된 각종 서류접수 내역이 공지되는데, 집행관 보고서나 저당권자 채권계산서, 감정평가서, 배당요구서 등의 내용이 보통이다.

일반적인 경우는 입찰 수개월 이내에는 제출서류가 없는데, 만약 입찰 며칠 전에 '취하서' 나 '연기신청서' 등이 접수되었다면, 그 경매는 정해진 입찰일에 진행되지 않을 가능성이 크다. 물론 '취하서' 나 '연기신청서' 가 접수되었다고 무조건 경매가 취소되거나 연기되는 것은 아니다. 때문에 이 경우에는 법원에 가기 전에 해당 경매계에 전화하여 경매 진행 여부를 꼭 확인해야 한다.

두 번째로 확인할 것은 낙찰받은 다음 체크할 내용이다. 낙찰되면 낙찰일로부터 일주일가량 후에 '매각허가 결정' 가 떨어지는데 이것은 '경매사건검색' 의 '기일내역' 에서 확인할 수 있다. 물론 허가 결정이 나면 내 주소지로 결정문이 등기 송달되지만 사이트에서는 보다 빨리 확인할 수 있다.

앞에서 서술하였듯이 매각허가 결정이 나기 전에는 최고가 매수신고인일 뿐 낙찰이 확정된 것이 아니다. 허가결정 전에는 소유자가 채권자와 합의하여 경매를 취하할 수도 있고, 어떤 이유로 인해 '매각불허가 결정' 이 날 수도 있다.

그렇게 되면 낙찰되었다고 기쁜 마음도 잠시, 보증금 10%를 돌려

받고 다른 물건을 찾아보는 수밖에 없다.

'잔금납부기일'이나 '배당기일'도 마찬가지로 '기일내역'에서 확인 가능하다. 두 가지 모두 우편으로 통보가 간다. 만일 현 세입자가 일정금액 배당을 받는 경우, 사이트에서 '배당기일'을 미리 확인한 후 알려주면 세입자가 고마워하는 경우가 많다.

대출은 쇼핑처럼

· 금리만으로 대출을 결정하면 우환이 생긴다.

낙찰을 받았다면 이제 잔금 납부를 위해 대출에 대해 알아봐야 한다. 경매법정에 가면 대출을 위해 명함을 나눠주는 사람들이 꽤 있다. 대출중개인이라고 부르면 적당할 것 같다.

그들은 대출을 희망하는 낙찰자가 원하는 조건에 맞는 대출을 소개해주는 것을 주요 업무로 하는데, 경락자금대출인 경우에는 낙찰자에게서 수수료를 전혀 받지 않는다(일반 대출 알선의 경우에는 수수료를 받는 경우도 많다).

그렇다면 낙찰을 받는 경우 그 명함을 받아서 전화로 상담 후 대출을 결정하는 것과 내가 직접 은행을 다니며 대출을 알아보는 것 중에 어떤 방법이 더 좋을까? 두 가지 방법 모두 겪어보고 직접 부딪혀 본 다음 결정하는 것이 좋겠지만, 실제로는 대출중개인을 통한 대출이 더 나은 편이다.

은행은 예금을 받아 대출을 실행하여 그 예대마진으로 수익을 올리는 것이 일반적이다. 적어도 아직 금융 선진화가 덜 된 국내에서는 그렇다. 분기 말이나 월 말이 되면 은행은 결산을 하는데 은행 전체뿐 아니라 지점별 결산도 이루어진다. 때문에 같은 은행이라도 지점별로 경쟁이 이루어진다. 지점별 수익을 위해서는 예금도 중요하지만 대출, 그중에서도 우량대출이 중요하다.

하지만 지점 입지나 특성에 따라 그 우량대출을 어떤 쪽에 중점을 두어 실행할 것인가가 모두 다르다. 주요 대출 대상이 대기업 중심일 수도, 중소기업 위주일 수도, 시장 상인들이 될 수도 있다. 그중 개인 대상, 부동산 담보 대출 비중을 높이려는 지점에서 대출받는 것이 가장 유리하다.

하지만 개인은 이런 정보를 얻기가 사실상 불가능하다. 그리고 같은 지점이라고 해도 정부정책이나 대출비중 등에 따라 대출조건이 시시각각 달라진다. 일일이 가까운 은행 지점을 방문하여 대출담당자를 만나 상담하고 조건을 비교한 후 결정한다고는 하지만, 시간적 · 물리적 제약 때문에 비교할 수 있는 범위가 제한적이다.

하지만 대출중개인은 여러 은행, 여러 지점에 연락망을 두고 대출조건을 주고받기 때문에 개인이 직접 알아보는 것보다 유리한 조건을 발견할 가능성이 높다. 물론 한두 중개인에게 물어보고 대출을 결정해 버리는 것은 좋은 결정이 아니다. 최대한 많은(명함을 받은 모든 중개인에게) 문의를 하면 할수록, 비교하면 할수록 대출가능금액은 올라가고 금리는 내려간다.

그러면 반드시 확인해야 하는 조건에는 어떤 것이 있을까?

① 대출가능금액
② 대출금리
③ 대출기간 및 연장 조건
④ 금리 변동 기준(혹은 고정금리, 변동금리)
⑤ 중도상환 수수료
⑥ 대출받을 은행

① 대출가능금액은 입찰 전부터 스스로 예상했던 금액이 있을 것이다. 주택인 경우 낙찰금의 60~70%가 일반적이고 상가인 경우 50~70%가 보통이다. 예상했던 그 금액에 맞는지 확인한다. 금리 및 다른 조건이 같다면 대출액이 많을수록 유리하다.

② 대출 금리는 대출액이나 대출은행, 개인 신용도에 따라 차이가 있다. 당연히 대출 금리가 낮을수록 좋은 대출이다.

③ 대출기간 및 연장 조건. 이것은 대출받을 때 빠뜨리기 쉬운 부분이다. 보통 은행이나 법무사에서 별 설명을 안 해주고 넘어간다. 그러나 매우 중요한 부분이니 주의해야 한다. 금리 0.1~0.2% 차이보다 이 조건이 훨씬 중요하다고 다시 한 번 강조한다.

낙찰을 받게 되면 대출을 비롯, 여러 가지 자금계획을 세우는데, ③의 단계가 잘못되면 나중에 큰 낭패를 겪을 수 있다. 단기매각을 염두에 둔 사람이라면 ③은 별로 중요하지 않지만 장기보유 및 임대를 생각한다면 1년 만기 대출을 받으면 나중에 고생할 우려가 있다.

2006년, 초보 시절 처음 낙찰받은 물건들이 인천의 오피스텔이었다. 나는 처음부터 임대를 주고 몇 년 이상 보유할 생각이었다. 오피스텔은 쉽게 매매가 되는 상품이 아니기 때문에 매매보다는 임대가 잘 되는 물건을 낙찰받은 것이었다. 2주 간격으로 같은 건물에 한 건을 더 받았다. 지금은 각각 다른 은행에서 자서하고 대출받았는데, 두 번째 대출이 금리가 조금 더 낮았다. 그래서 두 번째 대출을 더 잘 받았다고 여기고 있었다.

하지만 1년 후, 나는 뼈저린 후회를 했다. 첫 번째 은행은 서울의 새마을금고였는데 대출 기한이 2년이었고 이 후 본인이 원하면 연장이 가능해서 1년 후 아무 문제가 없었다.

반면 두 번째 대출을 받은 군산의 신협에서는 전혀 생각하지 못한 이야기를 들었다. 대출금 전액을 상환하든지(2,000만 원가량) 아니면 20% 상환 후 금리 1.5% 인상 혹은 10% 상환 후 금리 1.8% 인상한다는 것이었다. 1년 사이 시중금리가 오르긴 했지만 1.5나 1.8% 인상은 납득하기 어려웠다.

그래서 대환을 알아보려고 대출상담인이나 주위 은행을 방문하여 물어보아도 소형 오피스텔이기 때문에 그 정도 금액의 대출은 어렵다는 말뿐이었다. 즉, 경락자금대출은 낙찰가의 70%가 가능하지만 일반담보대출은 70%가 불가능했다.

갑자기 2,000만 원가량을 상환할 자금은 없었고 대환도 안 되니 어쩔 수 없이 10% 상환 후 금리 1.8% 인상안을 받아들였다. 하지만 은행담당자의 그 다음 말이 더 걸작이었다.

"내년에는 연장이 안 될 수도 있습니다. 그러면 전액 상환하셔야 합니다."

처음 받았던 경락에, 아무것도 모르고 대출금액과 금리만 비교하고 대출받은 결과였다.

④는 고정금리 또는 변동금리 등 금리 변동 기준이다. 일반적으로 향후 금리가 오를 것으로 기대되면 고정금리가 유리하고 반대의 경우에는 변동금리가 유리하다고 말한다.

하지만 앞으로의 금리를 어떻게 예상할 수 있는가? 그리고 은행도 수익 극대화를 추구하는 영리법인이기 때문에, 향후 금리가 오를 것이 상당히 분명할 경우에는 고정금리와 변동금리 간의 격차를 확대한다.

어쨌든 비슷한 수준의 금리라면 고정금리가 변동금리로 대출받는 것보다 유리하다. 일단 금리가 확정되었으므로 금리 변동에 따른 위험을 안지 않아도 되고, 변동금리라 하더라도 금리 인상기에는 대출금리 인상이 보다 신속히 큰 폭으로, 금리 하락기에는 대출금리 인하가 보다 더디고 작은 폭으로 이루어지기 때문이다.

그 다음은 ⑤ 중도상환 수수료다. 이것은 정해진 대출기간 이내에 상환하였을 때 무는 수수료인데, 일종의 벌금 성격을 갖는다. 몇 년 이상 장기 보유를 예상한다면 크게 중요하지 않지만, 단기 매매 목적이라면 반드시 챙겨두어야 한다.

그리고 장기 보유를 염두에 두었더라도 단기간에 양도할 가능성은 항시 있기 때문에, 다른 조건이 같다면 중도상환 수수료가 낮고(2%보다 1%가), 그 물리는 기간이 짧은 편(3년보다는 6개월)이 유리하다.

마지막으로 ⑥ 대출받을 은행이다. 만약 ①~⑤까지의 조건이 유사하다면 1금융권에서 대출받는 것이 2금융권보다 좋다. 이는 신용도 평가 측면에서도, 금리 변동 위험 면에서도 1금융권 대출이 더 안정적이기 때문이다.

세입자를 배려하되 칼자루는 절대 놓지 마라
· 명도는 보이지 않는 주도권 싸움이다.

부동산 투자의 꽃이 물건분석이라면(훌륭한 부동산을 고르는), 경매의 꽃은 명도다. 권리분석은 경매의 전 과정 중에 극히 일부분일 따름이다.

내가 명도 부분이 보다 중요하다고 생각하는 이유는 명도란, 사람과 사람 사이의 문제인지라 같은 상황일지라도 결과가 판이하게 달라질 수 있기 때문이다.

예를 들어 같은 아파트, 같은 동 101호, 102호를 A와 B가 유사한 가격에 낙찰받은 경우, 명도 결과에 따라 A는 빠른 시일 안에 점유를 획득하여 해당 아파트로 부가가치를 창출할 때, B는 전 주인(혹은 세입자)과 씨름하며 몇 달의 시간을 허송할 수 있는 것이다. 혹은 한 사람이 여러 건의 부동산을 갖고 있는 상황에서 부도가 나고 유치권자가 그 건들을 실제 점유하고 있는 경우, 낙찰 후 유치권자와의 협상과정과 결과에 따라 마지막 결과가 천양지차로 달라지기도 한다.

앞서 언급한 것처럼 명도란 사람 간의 일이라 케이스가 무궁무진하여 모든 부분을 기술할 수는 없다. 하지만 상대적으로 쉬운 케이스부터 설명을 하려 한다. 명도의 난이도를 입찰 전에 확인하고 처음 입찰할 때는 가급적 명도가 수월한 부동산에 집중하는 것이 유리하다는 점을 기억해두자.

일단 이 케이스를 세 가지 상황으로 나누어 보면 다음과 같다.

첫 번째, 입찰하려는 부동산에 임차인이 살고 있고, 해당 임차인이 배당을 받는 경우다.

임차인이 배당을 받을 수 있는 경우는 크게 세 가지가 있다. ㉠ 선순위 세입자로서 말소기준권리 이전에 전입신고, 확정일자를 받고 (혹은 전세권 등기를 하고) 배당 신청을 한 경우(전액 미배당 시 잔액은 낙찰자가 부담), ㉡ 전입신고, 확정일자 전에 말소기준 권리가 존재하지

Special **Tip**

유치권

타인의 물건 등을 점유한 자가 그 물건 등에 관하여 생긴 채권을 변제받지 못한 경우, 그 채권을 변제받을 때까지 그 물건 등을 점유하고 제3자에 대하여 대항할 수 있는 권리를 말한다.

만(선순위 근저당, 가압류 등) 선순위 배당 후에 잔여 배당금을 수령할수 있을 정도로 선순위 금액이 적은 경우, ㉢ ㉡의 경우처럼 후순위세입자이지만 법률에서 정한 소액임차인에 대한 '최우선변제'가 적용되어 일정 부분 배당을 받는 경우 등을 들 수 있다.

참고로 최우선변제금 범위를 결정하는 것은 전입신고 일자가 아니라 말소기준 권리일(1순위 근저당 등)이다. 그러니까 같은 집에, 같은 일자에, 같은 보증금으로 들어가더라도 최초 근저당 설정일이 2001년 이전이면 세입자에게 더 불리하다는 것이다. 그리고 최우선변제금액은 전체 배당금의 1/2을 넘지 못한다.

현재 세입자가 보증금액 전체를 받느냐 일부만 받느냐는 낙찰자에게는 크게 중요하지 않다. 물론 보증금 전체를 보전받고 이사를 가는 것이 마음이 덜 쓰이고 서로 기분 좋을 수 있겠다. 하지만 실무에서는 굳이 전액배당이 아니라도 명도하는 데 크게 어려움이 없다.

Special Tip

주택임대차보호법

부동산이 경매에 넘어가면 설정 시점이 빠른 것부터 배당이 이루어지는 것이 보통이다. 물권은 채권에 우선하고, 가압류 등은 순서를 따지지 않지만 기본적으로 설정된 순서대로 배당된다고 이해하자. 하지만 근저당 등이 설정된 부동산에 세입자가 후순위로 입주하게 되고 그 건물이 경매로 넘어가면 근저당 금액에 따라 세입자는 한 푼도 배당받지 못하는 경우가 속출한다. 이렇게 피해를 보는 세입자를 보호하고자 전두환 정부는 '주택임대차보호법'을 제정하였다. 이 법에 따라 아래 기준을 충족하는 세입자는 경매 부동산에서 후순위일지라도 최우선으로 배당받을 수 있게 되었다.

근저당 설정일에 따른 주택 최우선변제금

근저당 등 설정일	대상 지역 구분	보증금 범위	최우선변제금
1984년 1월 1일~ 1987년 11월 30일	서울특별시, 대전 등 광역시	300만 원	300만 원
	기타 지역	200만 원	200만 원
1987년 12월 1일~ 1990년 2월 18일	서울특별시, 대전 등 광역시	500만 원	500만 원
	기타 지역	400만 원	400만 원
1990년 2월 19일~ 1995년 10월 18일	서울특별시, 대전 등 광역시	2,000만 원	700만 원
	기타 지역	1,500만 원	500만 원
1995년 10월 19일~ 2001년 9월 14일	서울, 광역시(군 지역 제외)	3,000만 원	1,200만 원
	기타 지역	2,000만 원	800만 원
2001년 9월 15일~ 현재	① 서울, 인천, 안양 등 과밀억제권역	4,000만 원	1,600만 원
	② 대전 등 광역시(인천, 군 지역 제외)	3,500만 원	1,400만 원
	③ 기타(지방, 광역시의 군)	3,000만 원	1,200만 원
시행예정	① 서울, 인천, 안양 등 과밀억제권역	6,000만 원	2,000만 원
	② 대전 등 광역시(인천, 군 지역 제외)	5,000만 원	1,700만 원
	③ 기타(지방, 광역시의 군)	4,000만 원	1,400만 원

세입자가 배당을 받기 위해서는 배당기일에 낙찰자의 인감증명서와 명도확인서를 신분증과 함께 지참하여야 하기 때문이다.

하지만 세입자가 이 과정을 잘 모르는 경우가 많으니 낙찰받은 후 가급적 빠른 시일 내에 이 사안에 대해 충분히 알려주어야 한다. 고압적이거나 강압적이어서는 안 된다. 누구나 그렇듯이 상대방이 겸손하고 정중하게 나올 때 본인도 말을 가려서 하고 이성적으로 생각하게 된다.

내가 아는 지인 사례를 하나 들자면, 참 호인이며 경매도 몇 건 진행해 본, 어느 정도 경험이 있는 분이었다. 낙찰 후 그는 세입자를 만나게 되었는데, 세입자는 본인의 구구절절한 사연을 늘어놓았다.

"다른 집을 얻어 나가려고 하는데, 수중에 보증금이 한 푼도 없다. 그러니 부디 명도확인서를 먼저 달라. 배당받은 후 조속한 시일 내에 집을 구해 나가겠다" 는 것이었다. 지인은 그러면 안 되는 것은 알면서도 세입자의 사정을 딱하게 여겨 그러마고 허락하고 명도확인서와 인감증명서를 준비해 주었다.

세입자는 그에게 거듭 감사를 표했고, 결국 배당기일에 배당금을

Special **Tip**

세입자와의 관계

세입자 대부분은 계약한 보증금 중 일부만 배당받게 되기 때문에, 낙찰자에게라도 이를 만회하고자 하는 심리가 있다. 전액을 받는 세입자라도 그동안 마음고생한 부분을 보상받고자 하는 경우가 많다. 낙찰자는 '그 피해금액은 이전 소유주와 매듭지을 부분이지 본인과는 하등 관계가 없다' 라는 사실을 분명히 전달해야 한다. 아울러 낙찰자가 협조하지 않으면 배당금을 수령하는 것 자체가 불가능하고, 배당기일이 넘어서까지 지체하면 인도명령 절차에 의해서 강제 명도될 수 있고 이에 대한 비용까지 배당금에서 감해질 수 있기 때문에 시일이 흐를수록 세입자 측에 더 불리해진다는 사실을 정중하게 설명하는 것이 좋다.

이사비용에 대한 부분은 절대 언급하지 않도록 하자. 다만 세입자가 날짜에 맞춰 명도해 줄 경우, 서류부분은 확실히 챙겨주겠다고 안심시키자. 여기서 중요한 부분은 '명도해줄 경우' 다. 명도확인서 등은 세입자의 이사와 동시에 전달하여야 한다.

수령해갔다. 하지만 배당 후 한 달이 지나도록 세입자는 아무런 소식이 없었다. 답답해진 지인이 전화해보면 조금만 기다려 달라는 말만 반복하였다. 지인은 점점 조급해졌고 세입자는 결국 연락을 피하는 상황이 되었다.

더이상 참지 못한 지인은 인도명령 절차를 진행하였고 법원을 수차례 들락거리는 수고와 시간, 비용을 감수해야 했다. 인도명령 판결이 떨어져 집행관의 송달이 전해진 후에야 세입자로부터 연락이 왔는데, 오히려 소정의 이사비를 요구해왔다. 아마도 그 사이 여러 사람에게 자문을 구한 모양이었다. 강제집행을 하는 경우 또 수십만 원 이상의 비용이 소요되는지라, 지인은 그 이하의 이사비용을 지급하고 마무리 지었다.

하지만 배당기일 후 두 달여 시간을 허비하였고(잔금 납부 후 세 달 이상), 세입자와는 결국 얼굴을 붉히는 사이가 되었으며, 법원을 오가느라 시간적 타격도 많이 받았다.

이 경우에는 다행히 인도명령으로 마무리되었지만, 혹여 시간을 더 끌다가 잔금 납부 후 6개월이 지나버리면 인도명령 신청이 불가능해진다. 그렇게 되면 인도명령이 아닌 명도소송을 진행해야 한다. 명도소송은 집행을 위한 시일도 3~6개월로 훨씬 길고 절차나 비용상으로도 낙찰자에게 훨씬 불리하다.

그 세입자도 원래 악인은 아니었을 것이다. 다만 지인이 호의를 베풀었으나 결과적으로 버티고자 하는 유혹을 받게 되었고(더 이상 낙찰자에게 칼자루가 쥐어져있지 않았기에) 상황이 사람을 악하게 만든 것이다. 세입자를 탓할 수 없다. 99%는 낙찰자에게 잘못이 있기 때문이다. 가지고 있는 칼을 군이 휘두를 필요는 없지만 칼을 버리고 백기 투항하는 것은 더더구나 잘못된 일이 아닌가.

흔히 아무리 친한 사이라도 보증은 서지 말라고들 한다. 나는 '아무리 딱한 세입자라도 서류 먼저 넘겨주지 말라'고 강조하고 싶다. 그리고 가급적이면 대화 과정에서 세입자의 억울한 부분을 충실히 들어 주고 법률적으로 도와줄 수 있는 부분은 최대한 도와 서로 좋은 관계를 만들어 놓으면 더욱 좋다.

세입자가 이사비용을 먼저 요구하는 경우에는 어떻게 하면 좋을까? 무조건 불가능하다고 하는 것은 바른 협상 자세가 아니다. 협상에서는 늘 그렇듯이 절대 안 되는 것은 없다. 상대방이 원하는 부분이 있으면 그것을 들어주고 내가 더 큰 것을 얻어내는 것이 보다 좋은 방법이다.

배당받는 세입자가 이사비용을 요구하면 이렇게 하자.

"배당을 어느 정도 받으시는 만큼 이사비용을 드리지 않는 것이 원칙입니다. 하지만 배당기일 이전에(2주 혹은 3주 등 본인 재량에 맞추어) 이사해주시면 이사에 따르는 실비 정도는 지원해 드리겠습니다 (여기서 이사실비는 정해진 금액이 아니다. 내 기준으로는 낙찰가 5,000만 원 이하 건물은 20~30만 원 선, 그 이상 건물은 30~50만 원 선으로 잡고 협상한다. 하지만 케이스에 따라 상황에 따라 이는 유동적이다)."

이렇게 제안하면 세입자는 당연히 두 가지 반응을 보인다. "빠른 시일 내에 이사를 가겠다" 혹은 "배당기일 즈음에 명도하겠다"는 것이다. 어느 쪽이든 낙찰자는 손해 볼 것이 없다. 집을 일찍 비워주면 그만큼 수익발생 시점이 일러지니까 좋고, 배당기일 즈음에 나가면 이사비용이 들지 않아서 좋은 것이다.

다시 한 번 강조하지만 세입자의 모든 부분을 이해하고 편의를 도와주어라. 하지만 명도확인서와 인감증명서는 반드시 이사 당일에 주어야만 한다.

두 번째 케이스는 입찰 부동산에 소유자 겸 채무자가 거주하고 있고, 잉여 배당금이 있어 소유자에게 배당되는 경우다.

첫 번째 케이스와 유사하다. 전 소유자도 배당금 수령을 위해서는 명도확인서 등이 필요하기 때문에 주도권은 낙찰자에게 있다. 하지만 일반적으로 보증금의 일부를 잃은 세입자와는 달리 소유자는 전 재산을 잃게 된 경우가 많다. 때문에 조금 더 신중하게 상대방을 존중하며 첫 번째 경우와 같이 명도 절차를 진행하는 것이 좋다.

세 번째 케이스는 회사 사택으로 사원이 거주하다가 경매에 넘어간 경우다. 소형 물건 중에 이런 예가 많은데, 일반적으로 이런 경우도 명도가 수월한 편이다.

회사 사택용으로 매입하여 사원에게 무상 혹은 저렴한 임대료로 거주하게 하다가 회사 사정이 악화되어 경매에 나온 경우다. 이때는 보통 사원들이 직접적으로 손실을 본 금액이 없거나 적고, 회사가 넘어가며 이미 집을 비우고 나간 사례도 상당수다. 다만 전문적으로 이사비용만 받으러 다니는 업자들이 점유하고 있는 케이스도 있으므로 입찰 전에 충분히 조사해야 한다.

명도 그 후

· 같은 값이면 예쁜 꼴이 좋다.

물건 검색부터 입찰, 낙찰을 거쳐 명도까지는 모두 향후 달콤한 수익을 위한 투자 과정이었다. 명도까지 마치고 나면 이제는 직접 입주하든, 임대를 주든, 양도를 하든 간에 각종 수입과 그에 따른 수익이 기다리고 있다.

하지만 같은 집이라고 해서 같은 가격에 팔리고, 임대 수익도 같을까? 정답은 '결코 그렇지 않다' 이다.

같은 사람이라도 헤어스타일, 화장, 옷매무새에 따라 느낌이 전혀 다르고 다른 사람에게 줄 수 있는 인상이 다르듯이 같은 부동산도 이른바 '화장' 기술에 따라 단기간에 쉽게, 높은 가격으로 임대나 양도될 수도 있다. 또는 몇 달 이상 세입자나 매수자를 구하지 못해 발만 동동 구를 수도 있다.

일단 '화장'의 종류에는 다음과 같은 것이 있겠다.

① 청소

② 도배, 장판, 페인팅(몰딩, 걸레받이, 창틀, 문틀, 방문, 현관문, 베란다 벽)

③ 조명기구 교체

④ 베란다, 욕실 벽이나 타일 교체

⑤ 디지털 도어락 설치

청소는 빗자루질이나 내부 물걸레질만을 의미하는 것이 아니고 싱크대나 후드의 찌든 때 제거, 콘센트나 스위치 얼룩 제거, 조명갓 세척, 집안의 각종 곰팡이나 먼지 제거까지 모두 포함한다. 필요한 청소 도구를 구입하여 어느 정도의 시간과 노력만 들이면 별 비용을 들이지 않고도 상당한 효과를 기대할 수 있다.

도배, 장판, 페인트칠(이하 인테리어)은 필요에 따라 모두 하기도 하고 그중 한두 가지만 하기도 한다. 내 경우를 보면, 집 내부 상태가 상당히 좋지 않으면 세 가지를 모두 하고, 그렇지 않은 경우에는 도배 정도만 한다.

장판이나 칠은 확실하게 청소만 하면 어느 정도 때깔이 나기도 하는데(단 장판이 찢겨있거나 담배불 자국 등이 많으면 곤란하다), 벽지는 물로 닦아내기도 어렵고 쉽게 때가 타기 때문에 가급적이면 새로 도배를 하는 것이 비용 대비 효과가 좋다.

인테리어는 업체마다 실력이나 비용이 천양지차다. 보다 저렴하게 괜찮은 품질로 시공하기 위한 방법은 실력 있고 양심적인 시공자를 만나는 것이다.

어떻게 하면 좋은 시공자를 만날 수 있을까? 최대한 여러 업체를 찾아가 견적을 비교해보고 그중 결정하는 것이 좋다.

보다 쉽게 처리하기 위해서는, 일단 가까운 인테리어 가게를 방문하여 샘플을 확인·비교하고 시공할 벽지, 페인트 색, 장판 종류를 개략적으로 결정하고 비용을 확인한다. 그 다음 3~4업체에 방문 혹은 유선으로 견적을 요청하여 비교해 본다.

장판이나 도배지는 제조 브랜드도 체크한다. 한 업체 정도는 온라인상의 시공자와 통화해서 문의해 보는 것도 좋다. 다음이나 네이버 등 포털사이트를 찾아보면 도배, 장판 관련 카페를 여러 개 볼 수 있는데, 대형으로 시공하는 업체보다는 소규모로 하는 시공자가 아무래도 견적이 더 저렴하다.

개략적인 비용 범위를 가늠하기 위해 내 사례를 들어보겠다.

2008년 초 진행한 전용면적 42제곱미터(전용 12.5평, 17평형), 방 2개와 부엌 겸 거실이 있는 안산 다세대 주택 시공 비용이다. 이곳은 주변 여건이나 동네가 아주 훌륭한 편은 아니어서 최대한 싼 자재로 시공하였다. 장판(페트) 15만 원(모노륨인 경우 22만 원), 도배(소폭합지) 25만 원, 페인트칠 35만 원(집안 문, 문틀, 현관문, 베란다), 세 가지 합하여 75만 원인데 가격 절충하여 72만 원에 깨끗하게 마쳤다.

주위 지인 중 한 분은 도배, 장판, 페인트칠을 손수 한다. 손재주가 조금 있는 사람이라면, 몇 번의 경험으로 노하우만 익히면 어렵지 않게 할 수 있다며 내게도 직접 해보라고 권했다. 하지만 나는 손재주가 전혀 없는지라 손수 시공해 볼 엄두를 내지 못하였다.

실제로 인테리어 비용 중 70%가량이 인건비로, 이것만 줄여도 상당한 비용 절감 효과를 낼 수 있다. 물론 세 가지를 모두 하려면 전문가도 이틀가량 걸리고 잘못 시공하면 안 하느니만 못하니 무턱대고 덤벼들 성질의 것은 아니다.

조명기구나 베란다, 욕실 벽과 타일 교체 등은 사소해 보이지만 집의 첫인상을 결정하는 데 상당한 영향을 미친다. 형광등이 들어오지 않거나 깜빡거린다면 응당 교체해야 할 것이다. 교체할 때는 사이즈가 조금 더 크고 환한 것으로 선택하면 좋다. 방은 36와트 삼파장 램프 정도면 좋고(1만 원 안팎), 거실은 2만 원 정도 들여 십자등 설치를 추천한다. 환한 집이 더 넓어 보인다.

베란다 벽은 도색작업을 할 때 빠뜨리지 말고 칠해두자(시공자에게 따로 강조하지 않았다면 페인트칠을 할 때 베란다를 빠뜨리는 경우도 있다). 싱크대나 부엌 타일이 낡은 경우에는 시트지를 붙이면 새로 교체한 느낌도 나고 훨씬 산뜻해진다. 온라인에서 사이즈별로 판매하는데 몇 만 원이면 집안 분위기가 달라진다.

디지털 도어락도 설치하자. 큰 집은 물론이고 작은 집이나 원룸에도 현관문에 반짝이는 새 디지털 도어락이 설치되어 있으면, 매수자나 임차인이 보았을 때 첫 느낌이 산뜻해진다.

도어락은 가급적이면 직접 설치하라. 나도 직접 시공할 만큼 어렵지 않은 작업이다(다시 언급하자면 필자는 손재주가 무척이나 없는 편이다). 인터넷 쇼핑몰에서 번호 키, 전자 키 기능 모두 있는 예쁜 도어락도 5만 원 선이면 구입할 수 있다. 이를 열쇠집에 시공을 부탁하면

'도어락 비용＋시공비' 모두 20만 원가량을 받는다.

시공 시간은 전문가 15분, 나는 1시간 30분가량이다. 이 정도면 인테리어 작업보다도 시간당 인건비 비중이 높다. 단, 도어락 설치를 위해서는 전기드릴이 반드시 필요하다. 집에 드릴 세트가 하나 있으면 평소에도 유용하게 쓰이므로 없다면 구입해놓는 것도 좋다. 출력은 12볼트 이상이면 사용하기에 무리가 없다(12볼트 기준 온라인 쇼핑몰 5만 원 선이다).

경우에 따라 집에 세탁기, 냉장고, 에어컨 등의 옵션을 넣기도 하는데, 옵션 비용도 생각보다 만만치 않다. 때문에 옵션 구입도 최대한 싸고 쓸 만한 것으로 알아보아야 한다. 어떻게 보면 별 것 아닌 듯 보이는 비용 절감을 유독 강조하는 이유는 이것이 수익률과 직접적인 관련이 있기 때문이다.

물론 이들을 구입하여 나와 내 가족이 직접 사용할 것이라면, 고려해야 할 기준이 가격만은 아닐 것이다. 가족이 사용할 것이니까 비싸더라도 좀 더 좋아 보이는 것으로 구입할 수도 있다.

하지만 지금 서술하는 내용은 임대나 매매에 관한 것이다. 또한 부동산 거래에 있어 최고 선(善)은 '최대 이익'이기에 불과 몇 만 원에 불과할지라도 비용은 줄이고 수입은 늘려야만 하는 것이다.

그러므로 옵션은 가급적 중고로 구입하자. 그러나 중고로 구입하더라도 보통 동네 중고품 매장은 꽤나 비싸다. 매입가 대비 3배 이상 가격에 판매하기 때문이다. 그렇다고 그들이 폭리를 취한다는 의미는 아니다. 동네 중고품 매장에서는 사용하던 중고품을 매입하여 손 볼 곳은 손 보고 깨끗이 닦아서 판매하는 데다 재고비용 측면의 부담도 있다. 하지만 우리 입장에서는 같은 물품이라면 가급적 낮은 가격에 구입하는 것이 좋다.

보다 저렴하게 중고품을 구입하기 위해서는 온라인을 통한 구입이나 인터넷 직거래 장터를 적절히 활용하면 효율적이다. 세탁기, 냉장고 같은 대형 가전은 무겁고 부피가 커서 직거래가 쉽지 않기 때문에 온라인 마켓에서 가격비교 후 구입하면 편리하다(필자의 차량은 SUV라, 좋은 물품이 나오면 냉장고나 세탁기도 구입하여 들여 놓기도 한다).

TV나 에어컨처럼 부피가 크지 않은 물품은 다음이나 네이버 등 포털사이트 중고 물품 카페에 가입하여 찾아보라. 생각보다 마음에 드는 제품이 많다는 데 놀랄 것이다. 그리고 직거래이기 때문에 유통 마진이 붙지 않아 상당히 저렴하다. 다만 아무래도 개인 간 거래이므로 구입할 때 잘 작동하는지, 설명한 내용과 다른 부분은 없는지 등은 반드시 확인하여야 한다.

양도소득세 신고는 스스로 해보자

· 한국에서 양도세를 공부하지 않고 부동산 투자를 하려 하는 것은, 영어 공부를 하지 않고 수능 준비를 하는 것과 같다.

집을 매입했으면 언젠가는 양도를 한다. 단기 시세 차익을 목적으로 매입했으면 매입 후 금방 팔 것이고, 임대 목적이었으면 장기간

보유 후 매각하겠지만 결국 언젠가는 매각하게 된다. 이때 많은 사람들이 응당 세무사에게 가서 상담하고 양도세 신고를 의뢰하곤 하는데, 꼭 한 번쯤은 양도세 신고를 스스로 해보길 권한다.

직접 양도세 신고를 하면 약간의 세무 비용이 절감되기도 하지만, 그보다는 반드시 알아야 할 부동산 양도 절차와 흐름을 스스로 이해하는 데 큰 도움이 된다. 이렇게 흐름을 숙지하고 있으면 처음 매수 단계에서부터 양도 및 세금에 관한 사항까지 고려하여 가장 합리적인 결과를 가져올 수 있다.

양도소득세율은 크게 누진세율(과세표준의 금액에 따라 9~36%의 누진세율 적용)과 중과세율(50~60%)로 나눌 수 있다. 기본적인 경우에는 우선 보유기간이 2년 이상인 경우에만 기본세율을 적용받을 수 있기 때문에, 2년 미만의 단기 보유의 경우에는 중과세율이 적용된다.

그리고 보유 기간과 무관하게 중과세율을 적용받는 대표적 경우는 세 가지다.

① 1세대 2주택자의 주택양도
② 1세대 3주택 이상자의 주택양도
③ 비사업용 토지의 양도

이에 대하여는 세법상 열거된 내용에 해당되는 경우 중과대상이 된다(50~60%). 하지만 1세대 2주택이나 3주택 혹은 다주택자라 하더라도 중과세 적용에서 제외되기도 하는데, 그 경우는 다음과 같다.

① 수도권과 광역시 소재 주택인(읍·면 지역 제외) 경우 기준시가 1
억 원 이하일 때
② 수도권과 광역시 이외 지역은 기준시가 3억 원 이하일 때

같은 상황이라도 미리 상황을 파악하고 대비하였느냐의 여부에 따라 중과대상이 되기도 하고 해당되지 않기도 한다. 경우에 따라서는 이러한 중과대상에 해당되지 않기 위해 자산의 보유 기간 중에 중과대상 배제요건 사항을 충족시킴으로써 누진세율을 적용받게 할 수 있다.

그러나 대부분의 경우 양도시점에서야 양도세 상담을 하게 되고, 이 경우 배제요건을 만족시키지 못해 중과대상에 포함되는 경우가 많다.

예를 들어 서울에 가족이 거주하는 주택을 한 채 보유한 갑돌이가 (기준시가 1억 원 이상) 3년 전에 투자 목적으로 주택을 하나 더 매입하였다고 가정할 때, 첫째 5,000만 원에 주택 매입하여 현재 1억 매도 가능, 둘째 1억 원에 주택 매입하여 현재 2억 매도 가능이라면 어떤 경우가 더 훌륭한 선택이었을까?

세전 수익을 비교한다면 두 경우 모두 수익률 100%이지만, 수익 금액 자체는 후자가 크기 때문에(5,000만 원〈1억 원) 더 좋은 투자라 할 수 있다.

하지만 세후 수익을 비교하면 결과가 전혀 달라진다. 일단 전자의 경우 매매가가 1억 원이므로 기준시가는 1억 원보다 낮을 것이다. 후자의 경우 기준시가가 1억 원 초과일 것이다. 왜 기준시가를 따지느냐 하면, 이것이 서울 시내에서 1가구 2주택 중과세 적용 여부를 결정하는 기준이기 때문이다.

갑돌이가 기준시가 1억 원 이상의 주택을 이미 보유한 상황에서 또 하나의 주택이 기준시가 1억 원을 넘으면 1가구 2주택 중과대상(양도세 50%)이 된다. 그러나 1억 원을 넘지 않으면 1가구 2주택이긴 하지만 중과대상에 포함되지 않는다(양도세 9~36%). 때문에 전자의 경우에는 양도차익 5,000만 원×27% - 450만 원(누진공제), 양도소득세가 900만 원이 산출된다.

그리고 후자의 경우에는 양도차익 1억 원×50%, 양도세가 5,000만 원이 된다(기본공제, 세금 및 수수료 공제는 계산 편의상 생략하였고, 두 경우 모두 도시 및 주거환경정비법에 따른 정비구역으로 지정·고시된 지역이 아니라고 가정한다).

세금을 내기 전에는 두 가지 모두 성공한 케이스라 할 수 있다. 하지만 세금까지 고려하면 전자의 경우가 훨씬 좋은 투자였음을 알 수 있다. 주위를 보면 비슷한 케이스가 꽤 많다. 세금을 많이 납부하는 사람이 애국자인 건 분명하지만, 우리는 아직 애국할 단계는 아닌 듯하다. 애국은 진짜 부자가 된 다음으로 조금 미루어 두자.

양도세 산출 과정은 생각보다 간단하다

· 일흔 살 할머니도 직접 신고한다.

양도세 계산 과정을 살펴보자. 처음엔 눈에 익지 않아 잘 안 들어올 수 있지만 중요한 단어 중심으로 이해하면 생각보다 단순하다. 2007년부터 부동산 매매 시 실지거래가액 과세제도로 변경되어 취득이나 매각 모두 실거래가로 신고하게 되어 계산은 더 용이해졌다.

일단 ① 취득가액이 있는데, 취득가액은 부동산 매입금액에 취득경비를 합한 금액이다. 취득경비로 인정받는 것들로는 취득세, 등록세, 인지세, 공제받지 못한 취득 시 부담한 부가가치세, 대항력 있는 임차보증금, 취득 관련 수수료(중개수수료, 법무사 비용, 취득컨설팅 비용), 자본적 지출액 등이 있다. 이밖에도 여러 가지가 더 있는데 실제 사례에서 별로 나타나지 않는 것들은 생략하였다.

또한 이렇게 산출된 취득가액에서 양도를 위한 ② 필요경비(중개수수료, 컨설팅 비용, 광고선전비 등)를 제하면 양도차익이 결정된다. 거기에서 보유기간에 따른 장기보유특별공제를 제하면 양도소득금액이 산출된다. 장기보유특별공제는 기존에 최대 45%였지만, 2008년 3월 21일 이후 매매부터는 80% 선까지 확대하는 법안이 시행되었다(단, 이는 6억 원 이상 고가주택에만 적용된다. 6억 원 미만 주택은 해당 기준을 채우면 양도세가 비과세된다).

양도소득세 계산 Flow

양도가액
- **취득가액** ————————— ①
- **필요경비** ————————— ②
_____

양도차익
- 장기보유특별공제
_____

양도소득 금액
- 양도소득 기본공제
_____

양도소득 과세표준
× 양도소득세율
_____

양도소득 산출세액
- 세액공제
- 감면세액
_____

결정세액
+ 가산세
- 기납부 세액
_____

차감 납부할 세액

이 양도소득금액에 양도소득 기본공제(1인당 연1회 250만 원)를 하면 양도소득 과세표준액이 결정되고 여기에 해당하는 양도소득세율을 곱하면 본인이 납부해야 할 양도소득세가 산출된다.

한 가지 더 추가하자면 세액공제와 가산세가 있다. 부동산을 양도한 날이 속한 달의 말일로부터 2개월 이내에 주소지 관할 세무서에 양도세 예정신고를 하면, 10% 세액공제가 가능하다(양도소득세가 500만 원이면 세액공제 50만 원). 가산세에는 신고불성실 가산세와 납부불성실 가산세가 있다.

국세청 시스템도 전산화되어, 양도차익이 있는데도 불구하고 양도세를 납부하지 않고 넘어가는 것은 거의 불가능해졌다. 때문에 어차피 양도소득세를 내야 하는 상황이라면 시간을 끌어 신고불성실·납부불성실 가산세를 무는 것보다 미리 예정신고를 하여 세액공제를 받는 것이 보다 현명한 선택이다.

양도세 신고를 위해 필요한 서류는 다음의 6가지다. 이것이 전부다. 간단하지 않은가?

· 부동산 매매 계약서
· 부동산 등기부등본
· 취득세, 등록세 등 각종 매입 비용 영수증(법무비용은 비용으로 인정, 근저당권 설정 비용은 인정되지 않음)
· 부동산 중개수수료 영수증(계약서에 중개수수료가 기재된 경우 계약서만으로 인정, 매입·매도 수수료 모두 비용 인정)

- 발코니 확장, 새시 등 유익비 세금계산서(도배·장판 비용은 인정 되지 않음)
- 매수자 인감(첨부하지 않아도 무관)

  양도세 신고는 매각 부동산의 위치와는 무관하게 신고 당시 본인의 관할주소지 세무서에서 이루어진다. 예를 들어 목동에 있는 아파트를 매각하였고, 현재 주소지가 부천시라면 부천세무서에 신고하는 것이다.

  서류와 본인 신분증을 지참하고 세무서 양도세 관련 부서를 방문하면 작성해야 하는 서류가 딱 두 가지 있다. '양도소득과세 표준 신고 및 자진납부계산서' 와 '양도소득금액 계산명세서' 가 그것이다. 아무리 초보자라도 담당 직원에게 물어물어 작성하면 30분도 걸리지 않는다.

  내가 양도세 신고를 할 때 일흔이 넘어 보이는 할머니도 직접 와서 이것저것 물으며 스스로 작성하는 경우도 보았다. 독자들 중에 그 할머니보다 더 지긋한 경우는 드물 것이라 생각한다.

  해당 서류 작성 후 앞서 말한 6가지 첨부 서류 사본과 함께 민원실에 제출하면 끝이다.

명도-갑의 입장에서
점유자를 예우하라

명도는 단순하고 깔끔하게

· 배당과 인도명령의 칼을 들고 대화로 풀어라.

　부동산 경매에서 가장 중요한 세 가지를 꼽으라면, 첫째 낙찰(단순히 낙찰받는 것이 아니라 물건분석에서부터 낙찰받는 것까지 일련의 과정), 둘째 명도(낙찰 후 해당 부동산을 내가 온전히 점유하게 되는 과정), 셋째 처분(내 부동산을 적정한 가격에 매각하거나 임대하는 과정)이다.

　그중에 명도는 경매나 공매를 통한 부동산 매매 시에만 맛볼 수 있기에 경·공매의 핵심이라고도 일컬어진다. 명도는 각각의 케이스가 워낙 다양하기도 하거니와 법률이나 판례처럼 명시되어 있는 바도 없기에 경·공매를 시작하려는 사람에게 가장 난해하게 느껴지기도 한다.

　마치 영업사원이 매일 제품 세일즈를 해도 각 고객마다 특성이 다르고 상황이 달라서 매 순간마다 순발력과 상황 대처 능력이 요구되듯이, 명도할 때도 비슷한 능력이 필요하다. 즉, 똑같은 자동차를 소개하더라도 고객 취향이나 흥미도, 다른 스케줄 여부에 따라 소개 방법이 크게 달라지는 것처럼, 명도도 명도 대상자의 상황이나 성향, 점유 이유 등에 따라 그 과정이 천차만별이다.

일단 향후 명도를 어떻게 진행해 나갈 것인지 설정해야 한다. 그 방향으로는 세 가지 정도를 들 수 있다.

(1) 협의 및 합의
(2) 인도명령을 통한 명도
(3) 명도소송을 통한 명도

일단 명도소송을 통한 명도는 생각하지 않고 시작하는 것이 좋다. 명도소송까지 진행된다면 그에 들어가는 비용과 시간 손실이 어마어마하기 때문이다. 특히 그 과정 동안 나 스스로가 지치고 힘이 빠지게 된다. 투자자금이 묶이고 추가 비용이 소요되며 내 시간이 비생산적인 일에 쓰이는 상황을 맞게 되는 것이다.

잘해서 이겨 봐야 상처뿐인 승리밖에 되지 못한다. 때문에 입찰하기 전에 명도소송까지 진행될 것으로 보이는 물건은 일단 버리자. 전체 경매물건 중 85% 이상의 물건은 (1), (2)로 완벽하게 해결 가능하다. 그렇다고 나머지 난해한 15%의 수익률이 평이한 85%에 비해 빼어나게 높지도 못하다. 그러므로 현명한 투자자라면 안전한 85%를 선택하는 것이 마땅하다.

다시 말하지만 나는 경매를 통해 고위험·고수익을 추구하지 않는다. 수익은 케이스에 따라 천차만별일 수 있지만, 위험은 '0'에 가까워져야 한다.

그렇다면 일단 (1) 협의 및 합의를 살펴보겠다.

이 방법은 가장 일반적인 과정이고 또 그만큼 매수자의 협상력이 크게 요구된다. 이 과정의 핵심은 주로 현재 점유자를 내보내는 데 '이사비용'을 얼마나 지급할지, 언제 이사를 갈 것인지에 대한 협상이다.

투자금이 충분하거나 매우 싸게 낙찰을 받아서 점유자가 원하는 이사비용을 다 들어주고 원하는 이사날짜에 맞춰 줄 수 있다면, 별다른 협상 기술이 필요 없을 것이다.

하지만 대부분의 경우에(특히 요즘처럼 경쟁이 치열해서 낙찰가 자체가 시세에 근접하는 시기에는) 점유자와 소유자 간의 의견 차이는 상당할 수밖에 없다. 처음부터 욕설로 상대방을 제압하려 한다거나 위협적인 모습으로 점유자가 겁을 먹어 나가게 한다는 생각은 결코 하지 않는 것이 좋다.

현재 점유자도 경매로 인해 재산상·정신적 피해를 어느 정도 본 상황이기에 이를 최대한 이해해주고 정중하게 대화하는 것이 가장 좋다. 내가 본래 착하거나 예의 바른 청년이어서 이런 말을 하는 것이 아니다. 정중하게 눈높이에 맞추어 상대방의 이야기를 들어 주는 것이 보편적으로 가장 좋은 결론을 내었기 때문에 이런 조언을 하는 것이다.

다만 점유자가 낙찰자를 얕잡아 보거나 무시하는 경우라면 곤란하다. 때문에 점유인을 처음 만날 때는 최대한 옷매무새를 깔끔하게 하고 사전 준비를 충분히 한 연후에 방문해야 한다.

우선 협상이 성립하려면 상호 간에 힘의 균형이 어느 정도 맞아야 한다. 물리적인 힘이 아니라 서로 내세울 수 있는 강점, 그리고 상대방에 대한 약점(혹은 요구사항) 등을 갖고 있어야 한다. 점유자는 '점유권'이라는 가장 막강한 강점을 갖고 있다. 이는 타인에 대해 배타적으로 성립하는 권리이고, 소유자일지라도 그 점유를 임의로 빼앗을 수 없다(법 절차를 거쳐 판결에 의해서만 그 점유를 상실시킬 수 있다).

이에 대항하기 위해 소유자도 '힘'이 필요하다. 다음이 소유자가 점유자에 대항할 수 있는 '힘'이라 할 수 있다.

· 명도확인서류
· 인도명령

명도확인서류는 '배당을 받는 세입자'에게 보여줄 수 있는 가장 강력한 힘이다. 세입자가 정해진 배당기일에 법원에서 배당을 받기 위해서는 반드시 소유자(낙찰자)의 인감증명과 명도확인서가 필요하기 때문이다. 즉, 세입자가 배당을 받기 위해서는(보증금의 전액이든 그중 일부이든 간에) 낙찰자의 서류 협조가 필수다. 또한 이는 협상을 쉽게 이끌 수 있는 가장 강력한 힘이다.

쌍방 간에 희망하는 이사비용과 이사일자를 조율하여 결정하면 되는데, 내 경우는 보통 이사비용을 지급하지 않았다. 배당 절차와 필요 서류에 대해 설명해주고(낙찰자가 갖는 '힘'에 대해 인지시키고) 내가 생각하는 이사일자 범위를 제시하면, 세입자는 수락하기도 하고 이사비용이나 이사일자에 대해 조정을 요구하기도 한다.

"제가 당신에게 이사비용을 주어야 할 하등의 도덕적 · 법적 이유와 명분이 없기에 이사비용을 요구하는 것 자체가 이치에 맞지 않습니다. 다만 정 이사비용을 희망한다면 ○○일까지(원래 제시하였던 이사일자보다 앞당긴) 점유를 풀고 이사를 해주세요. 그렇다면 저도 감사의 표시로 어느 정도 이사비용을 준비하겠습니다."

이런 정도의 대응이면 보통의 세입자들은 납득하고 더 이상 무리한 요구는 하지 않았다.

그밖에 다른 사항은 보조적인 것들이므로 점유자가 기타 부분에 대해 언급하면(체념, 탄식, 하소연 등) 끝까지 찬찬히 들어 주고 협상의 소지가 있는 것들을 체크해 두자. 쉽게 이해해주고 양해해주는 것도 좋지만, 기타 부분에 대해 점유자가 희망하는 것들을 양해해주는 대신 '이사비용'과 '이사예정일'을 매수자에게 더 유리하게 조정하는 방향으로 타협하면 더 효과적이다.

154

누구든지 쉽게 양보해주면 그것에 대해 고마워하지 않는 속성이 있다. 때문에 그런 양보를 최대한 상대방에게 '인식'시키고 가능하다면 협상에서 하나의 지렛대로 삼는 것이 좋다.

(2) 인도명령을 통한 명도에 대해 살펴보자. 앞서 말한 바와 같이 인도명령은 낙찰자가 갖는 두 번째 힘이다. 이것은 배당을 받지 못하는 세입자나 전 소유자 등이 해당 부동산을 점유하고 있는 경우, 협상 시 주로 활용하는 힘이다.

2002년 7월 1일 이후 신청된 경매사건에는 새로운 민사집행법이 적용되어(이전에는 민사소송법이 적용) 낙찰 후 인도명령을 통한 점유의 획득이 가능하게 되었다. 즉, 전 소유자와 세입자를 막론하고 낙찰자의 원활한 소유권 및 점유권의 획득을 방해하는 자는 인도명령을 통해 단기간에 작은 절차비용으로 점유를 빼앗아올 수 있게 된 것이다. 다만 대항력을 갖춘 점유자는 인도명령의 대상자가 되지 않는다.

그러므로 낙찰자가 점유자와 협상할 때 지급할 수 있는 이사비용의 상한선은 인도명령에 소요되는 비용으로 볼 수 있다. 즉, 현 점유자가 무리한 요구를 하거나 점유를 풀어줄 생각이 별로 없는 경우, 인도명령의 절차나 소요기간, 제반비용 등을 충분히 설명해주고 그래도 점유자가 납득하지 않는 경우 절차에 따라 인도명령을 진행한다.

인도명령 절차는 다음과 같다.

① 인도명령 신청

② 인도명령허가 결정(기각되거나 불허가 되는 경우도 있음)

③ 인도명령 통지서 수령(신청인과 피신청인에게 모두)

④ 항고기간 일주일(인도명령에 대해, 피신청인이 부당하다고 느끼는 경우 서류를 통해 항고)

⑤ 법원에 송달증명(인지대 500원) 접수 후 경매계에서 도장을 받아 이미 수령한 인도명령 통지서와 함께 집행관실에 제출

⑥ 집행관과 방문일자 조정하여 계고장 부착, ⑤번 이후 1~7일

⑦ 법원에 집행비용 예납 후 집행(경우에 따라 다르지만 예상 집행비용은 전용면적 기준 3.3제곱미터당 4~5만 원가량)

Special Tip

인도명령에 대하여

낙찰 후 경락대출을 활용하여 잔금을 치루는 경우, 은행에서는 개인에게 직접 대출금을 전해줄 수 없으므로 법무사를 통해 잔금 납부하는 것이 관례다. 만일 대출 없이 100% 자기자금일 때는 굳이 법무비용을 들이지 않고 스스로 잔금 납부 및 등기부 정리하는 것이 유리하다. 잔금 납부일에 법무사 측에서는 인도 명령 신청서도 함께 제출한다. 법무비용 설정 시 인도명령에 대해 몇 만 원의 추가비용을 청구하기도 하지만, 일반적인 경우 무료이니 법무비용 내역서를 꼼꼼히 살핀 후 이런 비용은 제하여 달라고 당당히 요구하라.

인도명령 신청은 법무사 측에서 해주는 경우가 대부분이니 낙찰자는 그 다음 절차부터 진행하면 된다. 혹시 잔금납부 시 인도명령 신청을 빠뜨리면 추후 다시 신청해야 하는 번거로움이 있다. 그리고 인도명령을 신청해 두지 않으면 '명도의 지렛대' 하나를 스스로 포기하는 셈이므로, 잔금 납부 시 반드시 인도 명령 신청을 함께 하도록 법무사 측에 확실히 해두자.

부동산 인도명령 신청서

부동산 인도명령 신청서

신 청 인   이몽룡
피신청인   변학도

신청취지 및 원인

위 당사자 간 귀원 _____ 타경 _____ 부동산 _____ 경매신청사건에
관하여 경락인은 별지목록기재의 부동산 경락허가결정을 받고 동 경락대
금을 _____ 년 ___월 ___일 납입하여 소유권 이전 등기까지 경료하였으
바, 그 후 경락인은 위 부동산을 인도받기 위하여 가보니 이제는 아무런 권
원도 없는 채무자가 별지목록기재 부동산을 점유하고 있으면서 동 부동산
의 인도를 거절하고 있어 부득이 귀원 소속 집행관으로 하여금 상기불법
점유자의 점유를 풀고 이를 경락인에게 인도하도록 인도명령을 구하기 위
하여 본 신청에 이르렀습니다.

첨부서류

1. 이전등기필증 사본 1통
1. 부동산 등기부등본 1통

년   월   일

위 신청인   이몽룡

지방법원   지원 귀중

송달료=2,960원×2×당사자 수
인지 = 1,000원

부동산의 표시

1. 전라북도 남원시 ○○면 ○○리 ○○-14

     대   평방미터

2. 남원시 ○○면 ○○리 ○○-14

    시멘트벽돌조 슬레브지붕 2층 점포 및 주택

       1층 주택 및 점포 ○○평방미터

       2층 주택 ○○평방미터

부속건물

    시멘트벽돌조 슬래브 단층 창고 0.9평방미터

인도명령이 가능한 케이스임에도 협의가 되지 않아 극단적으로 가는 경우는 많지 않다. 물론 협상과정에서 감정의 골이 깊어져서 끝까지 가보자는 경우도 생긴다. 그러므로 협상과정에서도 점유자에게 감정적으로 대하는 일은 최대한 피하여 끝까지 타협 가능성을 열어두는 것이 좋다.

나는 지금까지 모든 경우에서 협의를 통한 이사를 했고 ⑥번 과정까지 간 경우가 딱 한 번이 있었다. 이 케이스에서는 협상 전 과정에서 '당신 마음대로 하세요' 식으로 고압적이었던 점유자가 계고장을 부착하니 다음 날 연락이 와서 처음으로 이사비용과 날짜를 먼저 제의하였다. 결국 부착 보름 후에 적은 이사비용으로 말끔히 이사처리가 되었다.

다시 한 번 강조하기 위해 서술하지만, 위의 경우에서도 점유자와 욕설이 오가거나 언성을 높이지 않았다. 서로 감정적으로 극단적인 상황까지 가면 누구나 먼저 양보할 생각을 하지 않게 된다. 인도명령이 집행되는 것보다 이사비용을 어느 정도 받고 나가는 것이 유리하다는 것을 알고 있다고 하더라도 감정이 이미 상해있는 상태다. 그래서 '갈 때까지 가보자' 라는 생각을 하기 쉽고 결국 끝까지 버티게 된다.

조금 과격한 사람은 해머로 변기나 보일러를 부수었다는 사례도 들어 보았다. 어디까지나 인도명령은 내가 쓸 수 있는 '도구' 이지 상대방을 해치기 위한 '무기' 가 아니다. 조금 전 사례에서도 그 사

람과 내가 대립관계이기는 하였으되 원수나 적은 아니었기 때문에
점유인이 흔쾌히 먼저 전화할 수 있었던 것이다.

명도 때문에 스트레스받지 말고, '명도 게임' 을 즐겨라. 게임의
최종 승자는 언제나 낙찰자, 바로 '당신' 이다. 이미 결과를 아는 게
임이다. 어떤가? 충분히 즐길 수 있지 않겠는가?

인도명령의 짝지 '부동산 점유이전 금지 가처분'
· '빨간 딱지' 의 압박.

인도명령을 진행할 때는 '부동산 점유이전 금지 가처분' 신청을
함께 하는 것이 좋다.

'부동산 점유이전 금지 가처분' 이란 해당 부동산의 현재 점유자
가 기준일자 이후로 다른 사람에게 그 점유를 넘겨주는 것을 금한다
는 결정문이다. 이 가처분을 신청하는 이유는 만약 점유자가 악의를
갖고 낙찰자의 부동산에 다른 사람이 거주하도록 하는 경우, 인도명
령이 떨어져도 인도명령 대상자가 달라 집행이 곤란해질 수 있다(시
간도 지연된다). 때문에 미리 이를 막기 위해서 신청하는 것이다.

가처분 판결이 떨어진 이후에는 어떤 다른 사람이 점유하고 있더
라도 원래 점유자의 점유와 같은 것으로 보아, 본 인도명령 집행에
아무런 문제가 없게 된다.

가처분 신청을 하는 또 하나의 이유는 압박이다. 가처분 결정이 떨어지면 법원 집행관들이 날짜를 정해 해당 부동산을 방문하고 부동산 내부 잘 보이는 곳에 일명 '빨간 딱지'를 부착한다. 그 딱지에는 '제3자의 개입에 의한 집행상태의 침해를 방지하고, 이 공시를 손괴하면 형법의 처벌이 적용된다' 등의 내용이 적혀 있다.

어찌 보면 별 것 아니지만, 오가며 그 문구를 계속 접하고 떠올리는 것만으로도 점유자에게는 상당한 심리적 부담이 된다.

짧은 기간에 가처분과 인도명령이라는 두 가지 압박을 연달아 받으면 정말 어지간한 점유자 아니면 자세를 낮추고 먼저 협상 테이블로 돌아오기 마련이다. 실제로 이 단계가 되면 점유자가 현행법 테두리 안에서 더 이상 버틸 명분이나 근거도 없다. 이제는 낙찰자가 다시 협상의 주도권을 갖고 적절한 선에서 이사비용과 이사일자를 잡을 수 있게 된다.

그렇다면 '부동산 점유이전 금지 가처분'은 어떻게 하는 것이고 비용은 얼마나 들까? 다음에 첨부된 '부동산 점유이전 금지 가처분' 신청서를 작성하고 매각대금완납증명원 사본 1통 부동산 등기부등본 1통, 건축물관리대장 1통을 첨부하여 법원 담당 부서에(경매계가 아님) 제출한다.

접수할 때 인지세 1,000원가량이 소요된다. 제출한 서류에 하자가 없으면(빠뜨린 서류나 오류가 있으면 보정명령이 떨어져서 다시 수정·제출하여야 한다). 3~4일 이내에 '부동산 점유이전 금지 가처분' 결정이 떨어진다.

아울러 담보제공명령도 함께 떨어지는데 내 경우에는 전용면적 33제곱미터가량의 다세대 건물이었고, 서울중앙지법에서 나온 공탁금이 690만 원이었다. 물론 공탁금은 내지 않고 대신 3만 8,840원의 공탁보증보험을 매입하였다(보험금 액수는 공탁금에 비례한다).

공탁절차를 마치면 2~3일 이내에 확정 결정이 떨어지는데, 결정문을 수령한 후 법원 집행관 사무실에 가서 집행비용을 납부한다. 내 경우는 집행비용이 3만 5,000원 선이었다.

납부 후에는 집행관과 시간 약속 후 7일 이내에 해당 부동산에 가처분 집행을 한다. 어마어마한 집행은 아니고 집행관 두 명 정도가 집 내부에 '부동산 점유이전 금지 가처분' 결정문을 부착하면 끝이다.

이 과정에서 들어간 실비는 1,000원+3만 8,840원+3만 5,000원으로 총 7만 4,840원이다. 오가며 소요된 시간과 차비, 기름값은 포함하지 않았지만 본래 예상하였던 비용보다는 훨씬 적게 들었다.

이 절차가 번거롭거나 시간이 없다면 법무사에게 요청할 수도 있다. 그러나 신청부터 결정까지 도와주는 데 보통 수십만 원의 비용이 든다. 어느 쪽을 선택할지는 개개인의 상황과 시간여유에 따라 결정하면 된다. 하지만 법무사에게 부탁하더라도 실제 비용이 산출되는 과정을 알면 좀 더 비용을 저렴하게 요청할 수 있으니 이 과정을 알아두는 것도 좋겠다.

부동산 점유이전 금지 가처분 신청

신 청 인   이몽룡
피신청인   변 학 도

지방법원   지원 귀중

163

부동산 점유이전 금지 가처분 신청

신 청 인 　 이몽룡
주 　 소 　 서울시

피신청인 　 변학도
주 　 소 　 전북 남원시

목적물의 표시 : 별지목록과 같음
목적물의 가격 : 100,000,000원

피보전권리의 요지

200X. 1. 17. 매각대금납부에 의하여 취득된 소유권에 기한 목적물인도청구권

신청취지

1. 피신청인은 별지목록 기재의 건물에 대한 채무자의 점유를 풀
   고 채권자가 위임하는 집행관에게 보관을 명한다.
2. 피신청인은 그 점유를 타인에게 이전하거나 또는 점유명의를
   변경하여서는 아니 된다.
3. 집행관은 위 건물이 그의 보관 하에 있음을 적당한 방법으로 공
   시하여야 한다.
라는 재판을 구합니다.

신청이유

1. 채권자는 별지목록 기재 부동산을 귀원 2000타경 00000호 물건번호 제3번 부동산임의경매사건에 관한 매수자로서 200X. 12.25. 매각허가결정을 얻고, 동년 1. 17. 매각대금완납으로 소유권 이전 등기가 완료된 소유자입니다.

2. 그러나 피신청인은 대항력 없는 임차인 ○○○의 남편으로 점유 주택의 명도에 계속 불응하고 있고, 신청인이 임차인 ○○○에게 인도명령을 신청하였으나 그 결정이 미뤄지고 있으며, 또한 피신청인이 제3자에게 점유를 이전하겠다는 언행을 일삼고 있습니다.

3. 신청인은 피신청인이 언제 점유를 제3자에게 이전할지 모르는 형편이며, 만약 점유가 제3자에게 이전되는 경우 신청인이 인도명령 결정을 얻는다 하여도 집행불능에 이를 우려가 있으므로 이 가처분 신청에 이르게 되었습니다.

4. 본 건 가처분의 손해담보로 제공할 공탁금은 민사집행법 및 민사소송법에 의하여 지급보증위탁계약을 체결한 문서를 제출하는 방법에 의하여 담보를 제공할 것을 허가하여 주시기 바랍니다.

소명방법 및 첨부서류
1. 매각대금완납증명원 사본 1통
1. 부동산 등기부등본 1통
1. 건축물관리대장 1통
1. 내용증명 사본 1통
1. 법인등기부 등본

200X. . .

채권자 :   (인)
             (연락처)

지방법원   지원 귀중

부동산 목록

건물의 표시
전라북도 남원시

철근콘크리트조 평스라브지붕 3층 다세대 주택

1층   96.66m² 주차장
1층   20.30m² 계단실
2층   99.08m²
3층   99.08m²
옥탑   20.30m²

전유 부분의 건물의 표시
건물의번호 : 제   층 제   호
구   조 : 철근콘크리트조
면   적 :   평방미터

대지권의 목적인 토지의 표시
1. 전라북도 남원시   대   188평방미터
대지권의 종류 : 소유권 대지권
대지권의 비율 : 188분의 20.03

- 이 상 -

공탁금 납부를 보증보험으로 대신하는 경우

당일에 법원을 굳이 방문할 필요가 없다. 모든 법원 근처에 공탁보증보험 판매처가 있는데, 그곳에 전화해 사건번호를 알려주면 보험료를 산정하여 준다. 또한 그 보험료를 계좌이체하면 추가비용 없이 판매처에서 공탁절차를 마친다. 내 경우에는 법원에 가서 공탁금을 확인하고 보증보험이 있다는 설명을 들은 후 판매처를 한참이나 헤매다가 간신히 찾았다(보통 법원 주위에 하나씩만 있다고 한다). 보험료 납부 후 보험증서를 들고 다시 법원에 가서 공탁 절차를 마쳤다. 한 번 정도는 경험 삼아 가볼 수 있겠지만, 굳이 반나절을 소비해가며 왔다 갔다 할 가치는 없는 듯하다.

명도 시 최소한 점유자보다 더 많이 알아야 한다

· 많이 알수록 협상은 순조롭다.
· 점유자에게 쉽게 보이면 곤란하다.

회사에서 상사는 업무담당자보다 그 업무에 대해 더 정확히 꿰고 있어야 한다. 그래야 담당자의 결과물에 대해 객관적 평가를 내릴 수 있고, 업무 지시도 명확히 내릴 수 있기 때문이다.

명도 과정에 있다는 것은 내가 그 부동산의 주인이고 현재 점유자는 과거 소유주였거나 임차인이라는 의미다. 주인이 객보다 그 부동산에 대해 더 많이 알아야 하는 것은 당연하다. 물론 부동산 내부의 세세한 부분이나 하자 상황은 점유자가 더 잘 알고 있을 것이다.

하지만 그 밖에 법률관계나 예상 경매절차, 예상 배당금 등에 대해서는 점유자를 만나기 전에 확실히 알아두고 가야 한다. 모든 경제활동에서 그렇듯이 '아는 만큼 유리하고 모르는 만큼 당할 가능성이 높기' 때문이다.

점유자가 경매 과정이나 법 절차에 대해 어느 정도 아는 사람이라면, 첫 대면 때부터 낙찰자에게 여러 가지 제안을 하거나 으름장을 놓을 수도 있다. 그때 거기에 대해 적절한 답변을 하지 못하면 향후 명도 절차에 있어서도 주도권을 빼앗기고 끌려 다니기 십상이다.

2008년의 일이다. 대전에 다세대 건물이 통째로 경매에 나왔는데 대학가 인근이고 전철역과도 멀지 않아 임대수요가 충분한 지역이라 판단되어 입찰하였다. 13개짜리 원룸이 물건번호를 달리 하여(같은 사건 번호) 나온 물건이고, 다가구 주택이 아닌 다세대 주택이어서 구분등기가 되어 있기 때문에 13개 모두 낙찰받기 위해서는 13번의 입찰이 필요했다.

다행히 같은 날 한꺼번에 입찰이 있어서(이런 경우에 한 날, 한 시에 동시 입찰하는 경우도 있고 몇 주간 시간 간격을 두고 몇 개씩 띄엄띄엄 경매를 실시하는 경우도 있다) 13개 물건에 모두 입찰하였다.

한꺼번에 낙찰되면, 첫째 차후 임대관리가 수월하고, 둘째 13번 따로따로 대출받는 것에 비해 대출도 한 건이므로 자기신용도 관리 면에서 훨씬 유리하고, 셋째 유지·보수나 기타 관리에서 한꺼번에 처리가 가능하여 편리하다. 넷째, 비싼 건물은 아닐지라도 '내 건물' 하나 갖고 싶다는 개인적 소망도 있었다.

입찰 결과는 13개 중 4개는 낙찰되고 8개를 차순위(2등)하였다. 당연한 말이지만 경매에서 2등은 아무 의미가 없다. 1등이 포기할 가능성을 염두에 두고 차순위 신고를 하기에는 보증금 10%가 수개월 간 묶이는 것이 너무 아쉽다.

안타깝지만 나머지 8개는 잊기로 하고, 낙찰된 4개의 명도를 위해서 각 세입자를 만나기로 했다.

그런데 그중 한 명이 문을 잠근 채 다른 곳에 살고 있는 듯했다. 보통 점유를 하고 있지 않으면 그 집에 대해 큰 미련이 없는 경우이기 때문에 명도가 수월하다. 그리고 이 세입자는 보증금이 2,000만 원이고 최우선변제로 배당을 어느 정도 받을 것으로 보이는 후순위 임차인이라 대항력이 없기 때문에, 명도의 난이도가 상당히 쉬울 것으로 판단하였다.

연락처를 남기고 온 지 며칠 후, 그다지 호의적이지 않은 목소리의 전화를 받았다. 세입자의 어머니라고 밝힌 상대방이 고압적인 자세와 신경질적인 말투로 나와 처음부터 기분이 상했다. 하지만 나는 상한 마음을 억누르며 향후 절차와 과정에 대해 설명하였다.

그런데 상대방에서 다짜고짜 이사비용을 요구하는 것이 아닌가. 나는 다음과 같이 말했다.

"세입자 분께서는 배당받을 자격이 있어 배당기일에 법원에 출석하여 1,000만 원 정도의 배당금을 받을 것으로 예상됩니다. 하지만 그 배당을 받으려면 먼저 현재 그 원룸에 있는 짐을 빼줌과 동시에 낙찰자의 명도확인서와 인감증명이 필요합니다. 그리고 세입자 분께 재산상이나 정신적 손실을 끼친 사람은 제가 아니고 전 소유자

○○○ 씨이니 억울한 부분은 그 사람에게 말씀하셔야 될 것입니다. 그 부분에 대해 도울 부분이 있으면 최대한 협조하겠습니다. 그러나 제가 세입자 분께 이사비용을 주어야 할 이유나 근거는 없습니다. 그러니 서로 좋게 웃으며 명도절차를 밟았으면 합니다."

배당에 대한 적절한 '압박' 과 좋게 대화로 해결하자는 '당근' 을 함께 제시한 셈이다. 하지만 상대방은 나의 예상과 전혀 다른 반응을 보였다.

"이사비용 150만 원을 주지 않으면 절대 짐을 빼줄 수 없으니 알아서 하세요."

어이없기도 하고 '세입자가 잘 몰라서 그러는가 보다. 주변에 알아보면 생각이 바뀌겠지' 라는 생각에 어느 정도 시간을 주었다. 하지만 동시에 낙찰받은 다른 집들이 하나둘 이사를 가는 시점까지도 연락은 오지 않았다. 그 원룸은 짐만 둔 채 비워져 있으니 직접 만날 기회도 없었다.

그래서 다시 세입자에게 전화를 하였다. 도대체 왜 이렇게 나오는지 그 이유가 궁금했다. 보증금의 일부는 당장 손실이지만, 그래도 1,000여만 원의 배당이 달려있는데, 낙찰자에게 이렇게 대하다니. 그러나 세입자는 아직도 그 금액을 요구하였다.

"아파트도 아니고 그 조그만 원룸에 이사비용을 그렇게 주는 것도 말이 안 되거니와 배당을 받으시려면 제가 관련 서류를 줘야 받을 수 있지 않겠습니까?"

이어서 충격적인 세입자의 말이 들려 왔다.

"전 배당을 받지 못하는데요?"

나는 당황하여 서둘러 통화를 마무리한 후 그 이유를 알아보았다. 나는 등기부등본을 다시 살펴보고 나서 '아뿔싸' 하였는데, 이유인즉슨 등기부등본에 지금 세입자가 아닌 다른 이름의 '임차권등기'가 되어 있었던 것이었다. 지금 세입자는 그 이전 세입자의 '임차권등기' 이후에 전입신고, 확정일자를 마쳤기 때문에 배당을 전혀 받을 수 없었다.

순식간에 가장 쉬운 '배당받는 세입자' 케이스에서 '인도명령을 각오해야 하는' 케이스로 상황이 바뀌어 버렸다. 전용면적 20 제곱미터(6평)가량의 원룸이므로 인도명령을 실제 집행한다면 총 30~40만 원가량 비용이 예상되었다.

하지만 인도명령 시에는 전기, 가스, 수도요금 등 밀린 공과금까지 내가 납부할 수도 있기 때문에 실제 비용은 더 들어간다. 요금을 확인해 보니 다 합하여 20만 원가량 미납금액이 있었다. 아무래도 합의로 이사하는 것이 더 유리해 보였다.

다시 세입자에게 전화를 하였다. 최대한 정중하게 내 실수로 상황을 잘못 알고 있었노라고, 배당금을 전혀 받지 못하게 되어 속상하겠노라고 이야기하였다. 그러자 상대방도 마음이 누그러졌는지 이런저런 신세한탄을 늘어놓았다. 차근히 들어주다보니 이사비용 이야기도 자연스럽게 나왔다.

171

"사실 이사비용으로 큰 돈 벌 생각도 아니었는데, 그쪽에서 명도확인서니 배당이니 하며 고압적으로 나와서 나도 큰 소리쳤습니다. 제가 알아보니 인도명령을 집행하면 70만 원가량 들어간다니 이사비용으로 그 정도 선만 받겠습니다."

"70만 원의 경우 더 큰 면적의 경우에 해당되고, 이 집은 작아서 30~40만 원 이상은 결코 넘지 않습니다. 그러니 30만 원 정도로 합의를 봤으면 합니다."

결국 이사비용은 40만 원으로 합의를 하고 일주일 안에 짐을 모두 빼주기로 하였다. 마지막에 이 말은 잊지 않고 덧붙였다.

"밀린 공과금은 깔끔하게 처리 부탁드립니다."

또 한번은 낙찰받은 대전 다세대 주택의 세입자들과 이런저런 이야기를 하며 꽤 친해지게 되었다. 그중 둘은 나와 연배도 비슷하여 술 한 잔 하기로 약속을 잡았다. 물론 내 속을 썩인 그 세입자는 여기에 포함되지 않는다. 나는 그 자리에서 전 건물소유주의 엄청난 사기행각에 대해 들을 수 있었다.

건물을 지을 때 많은 경우가 그렇듯이 전 건물주도(이하 Y) 자금의 상당 부분 대출을 끌어다 썼다. 또 Y는 인근에 부동산 공인중개사무소도 함께 운영하였다고 한다.

건물 완공 후에 Y는 각 호수마다 근저당이 상당함에도 불구하고, 모든 호수를 전세로 임대했다. 등기부등본 확인 후 선순위 근저당이 있으니 계약을 맺지 않은 사람도 있었겠지만, 대부분의 세입자들은

Y가 직접 공인중개사무소를 운영하고 있다는 사실 때문에 그를 믿고 임대차계약을 맺었다.

이에 따라 Y는 건물 전체를 임대해주고 전세 보증금을 받음으로써 투자금액보다 훨씬 많은 돈을 회수하게 되었다. 사실 이 단계에서 고의로 부도를 낸 뒤 세입자들의 보증금을 들고 잠적하는 케이스는 빈번하다.

하지만 그의 비행은 여기서 끝이 아니었다. 임대기간이 끝나고 이사를 가기 위해 보증금을 돌려줄 것을 요구하는 세입자들에게 Y는 각서를 써주었다. '현재는 보증금을 돌려줄 돈이 없으니 일단 이사를 가고, 차후 새로운 세입자가 들어오면 보증금을 돌려 주겠다' 라는 내용이었다.

세입자들은 내심 미심쩍어 했지만, 이사를 가야 하는 사정이 급한 사람들부터 하나둘씩 이사를 가기 시작했다(원래 이럴 때는 세입자가 직접 세를 놓는 전전세를 활용하는 경우도 많다. 그런데 집을 내놓을 부동산 공인중개사무소를 Y가 운영하고 있기 때문에 전전세로 내놓아도 방을 보러 오는 사람이 전혀 없었을 것이다). 그러자 Y는 그 집들을 다시 전세로 채웠다.

Y의 이런 행각은 계속 되었고, 어느덧 건물 준공 후 5년이 지났다. 그 사이 전입신고 된 전세인이 한 집당 2~4명이 되는 믿지 못할 상황이 벌어지고 말았다. 그래서 법원 경매 기록을 보면 집은 13개인데 전입신고, 확정일자는 물론이고 배당요구를 한 임차인이 수십 명에

달했다.

그렇게 Y는 건물 하나로 전세를 여러 번 돌려서 막대한 보증금을 챙기고 잠적했다. 그리고 건물은 경매로 넘어가고 만 것이다. 남은 사람도, 그에게 각서를 받고 떠난 사람도 모두 망연자실하였다.

떠난 사람은 두 가지 유형이었다. 그나마 여기저기 알아본 사람은 '임차권 등기'를 마치고 떠났고, 그렇지 않은 사람은 전입신고·확정일자만 믿고 이사를 했다. 이러한 상황에서는 임차권 등기자는 배당을 받고(후순위이기 때문에 전액은 아니고 소액임차 우선변제에 따라 일부 금액) 그냥 이사 간 사람은 배당을 받지 못한다.

최우선변제를 위해서는 주민등록(전입신고)과 점유 이 두 가지 요건을 갖추어야 한다. 하지만 이미 이사를 간 사람의 경우 주민등록이 그대로 있더라도 새로 이사 온 사람에 의해 '점유'를 상실했기 때문에 배당을 전혀 받을 수 없는 것이다. 즉, 전입신고만 한 세입자의 경우 가장 마지막에 이사 와서 '전입신고+점유+배당요구'를 모두 한 세입자가 배당을 받게 된다.

그러나 그중 임차권 등기를 마치고 이사를 간 사람이 있을 경우에는 상황이 달라진다. 임차권 등기를 한 사람이 배당을 받고, 그 후에 들어온 세입자는 '전입신고+점유+배당요구'를 했다고 하더라도 배당을 전혀 받지 못하게 된다. 임차권 등기를 하면 해당 주택의 등기부등본에 기재가 되는데, 이를 확인하지 않고 들어온 세입자의 부주의가 인정되기 때문이다.

'법은 스스로 돌보는 사람만 돕는다' 고 했던가.

나는 점유자에게 적이 아닌 '충실한 조언자' 가 되기를 원한다. 낙찰 후 점유자를 만나면 조금은 적대적이거나 비협조적인 사람도 있지만, 많은 경우에는 낙찰자에게 이런저런 질문을 한다.

"낙찰되었다면 경매가 끝난건가요?", "앞으로 어떻게 진행되나요?", "배당은 언제, 얼마나, 어떻게 받나요?" 등 궁금하지만 평소 다른 사람에게 묻지 못했던 것들을 묻기도 한다.

이때 '네 일이니 네가 알아서 하라' 는 식으로 행동하는 것은 온당치 못하다. 그 사람이 묻는 것은 물론이고, 그 사람에게 필요할 수 있는 정보들을 알아서 더 챙겨준다면 점유자는 여러분을 신뢰하게 될 것이다. 또한 그러면 향후 명도 과정도 훨씬 수월해질 것이다.

당진에 있는 빌라를 낙찰받았을 때의 이야기다. 세입자는 보증금 2,500만 원 중 최우선변제로 1,200만 원만 배당받는 상황이었다. 그는 처음부터 본인이 손해 본 보증금 1,300만 원을 나에게 요구하였다. 나는 일단 그의 사연을 끝까지 들어 보았다.

이 경우, 전 소유자가 세입자와 계약한 직후 은행 대출을 끌어다 썼는데, 세입자는 그것을 모른 채 잔금 납부를 하고 입주한 사례다 (지방에서는 아직도 직거래를 하는 경우가 많은데, 집을 전세 혹은 월세로 계약하는 경우, 등기부등본을 계약할 때와 잔금 납부 직전에 반드시 두 번 확인하여야 한다).

세입자는 이러한 사실을 모른 채 2년을 거주하였다. 계약 기간이 가까워오자 세입자는 주인에게 이사할 테니 보증금을 달라고 요구했다. 그런데 당시 소유주가 보증금을 돌려줄 수 없으니 알아서 빼나가라고 했다.

당장 이사를 나가야 했기에 마음이 급했던 세입자는 본인이 직접 광고지에 광고를 게재하여 새로운 세입자를 구해보려고 노력했다. 하지만 선순위 근저당이 상당금액 있는 집에, 그 정도의 보증금을 걸고 들어올 사람을 구하기 어려웠다. 사건은 해결되지 않은 채 시일이 흘러 소유자의 사업에 문제가 생겼고, 집은 경매에 넘어갔다.

하지만 전 소유자의 주요 자산은 이미 위장이혼을 한 아내에게 빼돌린 후였다. 또한 경매에 넘어가는 물건들은 이미 대출과 보증금 등으로 시세보다 많은 금액을 빼먹은, 이른바 껍데기 물건들이었던 것이다.

이런 사정을 모두 들은 후 나는 내 입장을 설명하며 다음과 같이 제안했다.

"아시다시피 저는 그 전 소유자와 아무 관계가 없는 사람입니다. 안타까운 심정은 십분 이해가 되지만 해당 부분에 대해서는 전혀 책임이 없습니다. 다만 그 소유자 분을 찾고자 한다면 최대한 도와드리겠습니다."

낙찰자는 매각허가결정이 떨어진 후에는 이해관계인의 자격으로 해당 경매 관련 문건(사건기록부)들을 모두 열람할 수 있다. 경매 문건들에는 소유자의 현재 거주지뿐 아니라 본적, 과거 거주 내역, 연락처 등 소유자와 관련된 많은 정보들이 포함되어 있다. 나는 그런 정보들을 빠짐없이 세입자에게 전달해 주었다.

그 세입자는 크게 고마워하며 사립탐정을 고용해서라도 그 '도둑놈'을 꼭 잡아 나머지 금액을 받겠다고 하였다. 덕분에 나는 세입자와 신뢰를 쌓을 수 있었고, 이사비용 전혀 없이 배당기일 전에 해당 부동산을 명도받았다.

명도 시 밀린 공과금은?
· 공과금은 낙찰자 부담이 아니다.

보통 부동산을 명도할 때 세입자와 합의가 이루어지면, 전기, 가스, 수도 요금 등의 공과금을 세입자가 정산하고 나가는 경우가 많다. 하지만 인도명령이나 명도소송을 집행한 경우, 혹은 낙찰받을 때부터 잔뜩 밀린 공과금만 남은 채 집이 비어 있을 경우에는 그간 공과금이나 관리비를 보통 낙찰자가 정산한다.

오피스텔이나 상가의 관리비가 수개월 이상 미납되어 있으면, '낙찰자가 공유 부분만 부담한다'라는 대법원 판례가 있다. 낙찰자는 판례를 활용하여 수십 혹은 수백만 원의 관리비 중 일부만 내기로 관리사무소와 합의를 하는 경우가 있다. 그러나 독하고 까다로운 관리소장을 만나면 한 푼도 양보하지 않아, 온전한 부동산 획득을 위해서 하는 수 없이 관리비 전체를 납부하기도 한다.

하지만 일반 아파트나 빌라, 원룸처럼 전기, 가스, 수도 요금이 세대별로 별도 부과되는 부동산을 낙찰받았다면, 밀린 공과금 중 대부분은 납부하지 않아도 된다. 공과금 납부에는 '수익자 부담 원칙'이 있기 때문이다. 즉, 소유권 이전 전의 사용요금은 낙찰자가 납부할 필요가 없는 것이다.

물론 미납요금을 납부하겠다고 할 때 공과금 업체에서 알아서 이전 요금을 빼주지는 않는다. 자기가 직접 요청하고 소명해야 한다.

일단 전기요금과 수도요금은 한국전력, 한국수자원공사 같은 공기업에서 관장하기 때문에 절차나 요청 방법이 더 간단하고 용이하다. 유선상으로 통화하고 상대방에서 요청하는 등기부등본 등의 서류를 팩스로 송부한 다음 소유권이 이전된 이후의 요금만 납부 처리하면 된다.

가스요금은 조금 까다로운데, 도시가스는 공기업이 아닌 사기업에서 담당하고 있고, 지역별로 담당회사도 여러 개로 나뉘어 있어서 방침도 제각각이다. 어떤 지역은 창구만 한 번 방문하면 담당직원이 알아서 손실처리를 하고 정산해주기도 한다.

반면, 전액을 납부하지 않으면 향후 가스 연결이 불가하다고 반협박식으로 나오는 곳도 있다.

하지만 담당회사에서 어떻게 나오든지 간에 미납요금 중 소유권 획득 이전에 사용한 것은 낙찰자가 사용하지 않았다는 증빙서류(등기부등본, 연체청구서 등)를 준비하고 담당자와 차분히 상의하면(필요하다면 소비자보호원이나 해당 시청 담당부서에도 도움을 요청할 수도 있다) 반드시 좋은 결과를 얻을 수 있다.

대원칙은 '수익자, 사용자 부담'이니, 명분은 우리에게 있는 것이다.

또 다른 투자 방법, 공매

공매물건도 놓치지 말자

· 매일 5분씩 온비드 서핑 습관을 기르자.

　법원에서 진행하는 경매가 있는 반면, 한국자산관리공사(캠코)에서 주관하는 공매도 있다. 둘은 쌍방 간 계약이 아닌 법적 절차에 의해 소유권을 취득한다는 측면과, 입찰자 중 최고가를 가려 최종 낙찰자를 선정한다는 공통점이 있다. 반면 다음과 같은 몇 가지 차이점도 존재한다.

　경매를 통한 매각절차는 모두 강제적으로 진행된다. 이에 반해 공매 중 '일시적 2주택자의 자진 신청 매물'은 자발적으로 진행된다는 점이 특이하다. 즉, 공매 물건은 크게 '자진 신청 물건'과 '세금 체납에 의한 강제 매각 물건'의 두 가지로 나눌 수 있다(예외적으로 임대나 대부 물건도 있다).

경매와 공매의 차이점

구분	경매	공매
진행 주체	법원	자산관리공사
출시 배경	사적 채권에 의한 매각절차	세금체납에 따른 강제 매각 일시적 2주택자의 양도세 중과 회피목적
입찰 방법	법원에서 비공개 일괄입찰	인터넷을 통한 온라인 입찰
유찰 시 저감률	20~30%	5~10%
인도명령 가능여부	가능	불가능

1주택 보유자가 추가적으로 1주택을 더 구입했다면 일반적으로 두 주택 모두 양도 시에 양도소득세 중과세(50%) 대상이 된다. 다만 기존 1주택을 새로운 주택 취득 후 1년 이내에 매매하면, 이를 일시적 1가구 2주택자라 하고, 1가구 1주택에 따른 양도세 규정을 준용한다. 즉, 기존 1주택이 양도세 비과세 규정을 채웠다면 기존 주택 매도 시 비과세될 수 있는 것이다.

하지만 2007년에 접어들며 이른바 '버블세븐' 지역을 비롯한 고가 주택들의 거래량이 큰 폭으로 감소하였다. 새로운 집을 구입한 다음 기존의 집을 팔려던 사람들은 시장이 급랭하면서 기존 주택이 팔리지 않자 1가구 2주택자가 되어 추후 양도세가 중과될 상황에 처했다.

그러나 새로운 주택을 취득한 지 1년 이내에 자산관리공사에 기존 주택에 대해 공매를 의뢰하기만 하면, 매각 자체가 1년을 넘겨도 1

가구 1주택 양도세 규정을 적용받을 수 있다. 때문에 많은 사람들이 이 같은 목적으로 공매를 신청하게 된 것이다.

이러한 물건들은 자의에 의해 매각을 의뢰한 것이기에 낙찰 후 명도에 대한 부담이 전혀 없다. 공매의 형식을 빌었지만 그 과정은 일반 부동산 매매와 흡사하다. 때문에 자금여유가 어느 정도 있다면 이런 물건을 찾아서 낙찰받는 것도 좋은 전략이다.

다만 이런 주택이 대부분 상당히 고가라는 사실이 입찰 가능한 사람의 범위를 제한적으로 만드는 요소다.

양도세 중과 회피 매물 외에 두 번째 유형으로 세금 체납에 의한 강제 매각을 위한 공매가 있다. 이는 진행 주체만 다를 뿐, 물건분석이나 권리분석 등의 실행 절차는 법원 경매와 동일하다. 다만 공매와 경매의 차이점 중 우리에게 가장 중요한 부분은, 공매에는 '인도명령' 절차가 없다는 것이다. 이 말은 합의나 협의를 통한 명도에 실패하면 인도명령 절차 없이 바로 명도소송으로 들어가야 함을 의미한다.

인도명령이라고 하는 낙찰자의 강력한 '도구'가 없어 공매는 경매에 비해 명도가 일반적으로 까다롭다. 그러나 이 덕분에 낙찰가는 경매보다 공매 건이 낮은 편이다(평균 2~7% 정도).

이것은 기회가 될 수 있다. 같은 물건이라면 무조건 저렴한 것이 미덕이다. 그러면 어떤 공매 물건에 입찰하면 좋을까?

앞서 언급한 바와 같이 '배당을 받는 세입자가 점유하는 물건을 노려라' 라는 말을 기억할 필요가 있다. 공매의 경우도 경매와 마찬가지로 세입자가 배당금을 수령하기 위해서는 낙찰자의 명도확인서가 필요하다. 이 강력한 '도구' 가 있는 한 어떤 초보라도 원활하게 합의를 통한 명도를 이끌어낼 수 있다(임대보증금의 전액을 받느냐, 일부만 받느냐는 명도에 있어 전혀 중요하지 않다).

물론 배당 없는 점유자와도 적절한 협상을 통해 합의를 통한 명도가 가능하다. 또, 그렇게 할 수 있는 이가 진정 고수다.

하지만 공매를 통한 낙찰은 인도명령 절차가 없다는 것을 점유자가 알고 있다면 협상이 어려워진다. 명도소송으로 가면 시간과 비용이 많이 소요되어 낙찰자에게 보다 불리하다.

Special Tip

공매는 입찰 전 전화문의가 가능하다

온비드 사이트에서 공매물건을 검색해 보면 각 물건들마다 물건 내역뿐 아니라 담당부서와 담당자, 연락처 등이 공지되어 있다. 법원 경매와 달리 공매를 전담하는 기관은 국가가 아니라 자산관리공사이며, 담당자도 공무원이 아닌 공사 직원이다. 궁금한 사항이 있으면 기재된 연락처에 주저하지 말고 문의하자.

경매는 입찰 전에 경매계에 문의하면 이해관계인이 아니라는 이유로 원하는 답변을 받지 못하는 경우가 대부분이지만 공매는 그렇지 않다. 공공기관 성격을 띠고 있으나 이윤 추구를 목적으로 하는 기업이기 때문에 직원들의 서비스 마인드도 법원에 비해 뛰어나다. 임차인에 관한 사항이나, 대항력 유무, 애매한 권리 관계 등 문의사항에 대해 최대한 자세히 답변하여 준다. 물론 그 답변이 법적 구속력을 갖는 것이 아니므로 100% 신뢰하여서는 곤란하다.

어느 정도 분석을 마친 후 객관적인 추가 정보가 필요할 때 문의하면 그 효과를 배가시킬 수 있다.

입찰 전에 점유자가 인도명령에 대해 아는지 여부를 알 수는 없기 때문에 이런 불확실성은 상당한 위험이 될 수 있다. 입찰 이전 제거할 수 없는 위험에 굳이 부딪힐 필요는 없다. 그런 물건이 아니라도 매력적인 물건은 많다.

나도 공매의 '저가 매수'에 대한 매력 때문에 수차례 입찰한 바 있다. 온비드(www.onbid.co.kr) 홈페이지에서 지정기일에 인터넷 입찰을 하면 되기 때문에 법원을 직접 방문해야 하는 경매에 비해 더 편리하기도 하였다.

공매는 경매에 비해 물건 수가 크게 적어 지금까지 낙찰의 기쁨을 맛보지는 못하였지만, 2008년이 가기 전에는 공매를 통한 부동산 취득도 반드시 이뤄 보려 한다.

당신을 부자로 이끄는
성공의 비밀

소액투자에 적합한 부동산

· 주식, 채권, 펀드, 부동산 투자 그리고 정기예금.

    2005년부터 2007년까지 우리나라 주식 시장은 역사적으로 경험해보지 못한 커다란 상승세를 경험했다. 코스피지수가 900 선에서 2000 선 이상까지 돌파했으니 1년여라는 단기간에 두 배 이상의 평균 수익을 올린 셈이다. 2007년 한 해 동안 주식형 펀드 수탁액은 엄청나게 늘었고 주식 시장 수요 기반은 탄탄해졌다.

    반대로 시중은행은 요구불예금이나 정기예금이 큰 폭으로 감소하여 유동성 부족에 시달리기도 하였다. 2007년 후반부터 서브프라임 등 미국경제 침체와 유가를 비롯한 원자재 가격 급등으로 주식 시장이 흔들리자, 사람들은 변동성이 덜한 채권이나 원자재 펀드, 정기예금 혹은 부동산 시장으로 다시 관심을 돌리기 시작했다.

그렇다면 주식, 채권, 펀드 그리고 부동산 투자는 그 속성이 모두 같을까? 기본적으로 투자라는 것이 가격이 상승하면 이익을, 가격이 하락하면 손실을 본다는 측면에서 앞선 네 가지 종목은 속성이 같다. 하지만 단 한가지의 속성 때문에 부동산 투자는 다른 투자와 성질이 전혀 달라질 수 있다.

예를 들어 네 사람이 주식, 채권, 펀드, 부동산에 각각 1억 원씩 투자한다고 하자. 이 투자 상품들은 모두 가격 변동 위험에 노출되어 있다. 물론 변동성의 차이는 있겠지만 근본적으로 가격이 변동함에 따라 이익을 보든 손실을 본다. 투자 시점에서 본인이 향후 위험 대비 수익률이 가장 높을 것으로 기대되는 분야에 투자할 뿐이지, 앞으로 어떻게 될지는 신 이외에는 아무도 알 수 없다.

하지만 부동산을 매도 목적이 아닌 임대 목적으로 매입한다면? 그러면 상황이 전혀 달라진다. 해당 부동산이 월세 50만 원을 받을 수 있는 주택이라고 한다면, 연 600만 원이 되어 연 6% 수익이 확정된다. 이는 은행예금과 유사한 속성을 갖게 된다.

연 6% 수익을 기대하고 이 부동산을 매입한 투자자라면, 1~2년 후의 부동산 가격이 얼마가 되든 간에 별로 관계가 없다. 즉, 가격 변동의 위험으로부터 자유로워진다. 물론 이런 투자에도 임대 수요가 줄어든다거나, 임대료가 변동되는 등의 위험은 존재한다. 하지만 이런 것은 투자하기 전에 상당 부분 제어할 수 있다.

대한민국은 아직 주택이 부족하다. 전국 주택보급률은 이미 100%가 넘었고 지역별로 보급률이 100% 이상인 지역도 많지만, 수도권이나 서울은 주택이 절대적으로 부족하다. 내집마련을 못한 가구들도 많고 대학입학, 취업 등으로 분가한 싱글족들의 주거 수요도 꾸준하다.

그렇다면 수도권의 어떤 주택에 투자해도 공실에 대한 우려 혹은 임대료가 떨어질 걱정은 별로 없지 않을까? 설령 임대료가 하락한다고 해도 이는 수익률이 떨어지는 것이지 손실을 보는 것은 아니지 않은가?

나는 이런 방식으로 부동산 투자를 시작했다. 목표 수익률은 경우에 따라 달랐지만 6%가 아닌 30% 이상이었고(대부분 건당 투자금액은 2,000만 원 이내) 이 투자들은 모두 30% 이상의 수익을 가져다주었다. 내집마련을 위한 투자와 수익을 위한 부동산 투자는 마음가짐부터 달라야 한다.

투자한 후 수익을 기대 말고, 수익률을 결정한 후 투자하라
· 자기 투자에 대한 확신이 있다면 그만큼 성공할 가능성도 높다.

손자병법에 '졸장은 싸움을 시작한 후 이기려 하고 명장은 이겨놓고 싸운다' 고 하였다. 이 말만큼 부동산 투자에 적합한 격언이 없는 듯하다.

앞서 나는 목표수익률을 30% 이상으로 잡고 투자를 결정한다고 했는데, 혹자는 조금은 의심 섞인 눈으로 바라볼 수도 있을 것이다. 혹은 이런 케이스는 매우 찾기 어렵고 드문 경우라고 생각할 수도 있으리라.

물론 경매 시장에 수익률이 낮은(10% 이하) 물건이 태반이고, 수익률 30%를 넘는 물건은 1/10 이하다. 하지만 2007년 연간 경매 건수가 31만 5,000여 건인 것을 보았을 때, 그중 1/10이면 무려 3만 건이 넘는 물량이다. 투자금액 대비 커다란 수익을 거둘 수 있는 물건이 매해 3만 건 정도라면 결코 적은 수량이 아니지 않을까?

여기서 '권리분석이 매우 난해한 물건이거나 명도가 심히 어려운 물건들이 그중 대다수를 차지하지는 않는가' 라는 의문이 들 수도 있겠다.

그러나 내가 지금까지 풀어 왔던, 30% 이상 수익을 올렸던 것들은 결코 어려운 물건들이 아니었다. 그중에는 공부를 조금이라도 한 사람이라면(그래도 경매에 관한 책 한 권 읽지 않고 뛰어들 수 있다는 의미는 결코 아닐 테니) 누구나 쉽게 명도까지 해결할 수 있는 물건들이 대부분이었다.

그중 조금 난감했던 일부 물건들도 여유를 갖고 차분히 진행하였을 때 별 무리 없이 해결되었다. 단 한 번의 예외도 없었다.

부동산 선택을 위한 자신만의 기준을 세워라

· 우리나라에만 부동산 수가 1,000만 개가 넘는다던데?
· 우리에게는 '투자 나침반'이 필요하다.

사실 우리나라에 부동산은 종류도 많고 절대적인 수도 퍽 많다. 2008년 기준으로 주택 수만 1,357만 호라고 하니, 이 많은 주택 중에 내 것 하나 없다고 생각하면 조금 더 분발할 수 있을 것이다. 여기에 상가나 토지 등 주택 외의 부동산까지 합하면 그 수가 상당하다.

그렇다면 1,000만 개가 넘는 부동산 중에 어떤 부동산에 투자해야 하는 걸까? 그중에는 비전이 있는 것이 있고 그렇지 않은 것도 많을 것이다. 과연 어떤 방식으로 투자해야 성공한 투자 사례가 될 수 있을까?

이에 대한 답변은 여러 가지일 수 있다. '도로나 철도, 전철과의 이용 편의성을 따져라', '인구가 증가하는 지역이 유망하다', '도심 접근성을 고려하라', '뉴타운, 재개발, 재건축 등 도시개발 계획 지역 내 혹은 그 인근 지역에 투자하라', '전문가가 추천해 주는 지역이나 물건을 우선적으로 검토하라' 등 다양하다.

개인에 따라 선호하는 방식이 다르겠지만, 내 경우는 기준을 딱 하나만 정했다. '무조건 저렴해야 한다'라는 것이 그것이다.

물론 앞의 다섯 가지 조건이나 기타 다른 사항을 전혀 배제한 것은 아니다. 하지만 그 많은 물건들 중에서 마음에 드는 물건을 추리려면 분명하고 간결한 기준이 필요한데, 내게는 '가격'이 그 답이었다. 그렇다면 어떤 물건이 '싼' 부동산일까?

① 급매가와 비교해도 더 저렴한 물건

② 전세가나 전세 환산가(월세를 전세로 환산한 금액)보다 가격이 낮
   은 물건(지역에 따라 기준 차이는 있지만 보통 월세 10만 원을 전세금
   1,000만 원으로 환산한다. 보증금 500만 원에 월세 25만 원인 부동산의
   전세 환산가는 500만 원+2,500만 원이므로 3,000만 원이 된다)

③ 절대가격이 2,000만 원 이하인 주택(혹은 주거용 부동산)

우선 각 지역마다 급매물이 있기 마련인데(물론 인기 지역에는 급매
물이 드물다), 해당 부동산의 매입가능 금액이 그 급매물 가격보다 낮
다면 그 부동산은 싸다고 할 수 있다. 충분히 낮은 가격에 매수했다
가 급매물 가격 수준으로 팔기만 해도 차익을 남길 수 있다.

두 번째로 전세가보다 낮은 금액으로 살 수 있다면, 그 부동산은
적극적으로 매수해 볼 만하다. 사실 일반매매에서는 이런 경우가 상
당히 드물지만(전세가가 매매가에 대한 강력한 하방지지선 역할을 하기 때
문에) 경매에서는 자주 볼 수 있다. 전세가보다 싸게 살 수 있다면 적
당한 가격에 매수하여 세만 주어도 충분히 이익이기 때문에 보다 여
유를 가질 수 있다.

매매가가 원하는 가격대로 올라 팔리면 아주 좋은 것이고, 그렇지
않아도 임대해주며 기다리면 되는 것이다. 전세나 월세의 좋은 점은
전월세 자체로 이익을 보아도 세금을 내는 경우가 적다는 것이다(매
매는 양산된 각종 규제 덕에 양도차익에 대한 세금을 내지 않는 경우가 오히려

적다). 특히 전세인 경우는 매수가와 비교해 아무리 높은 전세금을 받아도 세금을 전혀 내지 않는다.

세 번째 경우는 보다 쉬운 케이스다. 두 번째 경우와 어느 정도 중복되는 내용인데, 2008년 현재 우리나라의 어떤 주택도 세를 주었을 때 월세 20만 원 아래인 경우는 상당히 드물다(전세가 2,000만 원 이하인 경우는 많다). 때문에 2,000만 원 아래의 주거용 부동산을 매입하면(이런 부동산도 경락자금 대출이 가능하다), 적은 금액으로 충분한 임대수입을 기대할 수 있다.

지금까지 15개의 부동산을 매수하면서 12개는 이러한 기준에 맞추었다. 나머지 3가지 경우는 발전 가능성이 충분했기에 임대소득을 희생하기도 하고, 단기간 내에 매매가가 충분히 오를 것으로 기대되어 투자했다.

지금까지의 결과를 보면(아직 확정수익이 아닌 기대수익이지만), 우리나라에 양도소득세(9~60%) 제도가 있는 한, 그 기준에 맞춘 12개의 수익성이 월등했다. 부동산 매매를 통한 이익은 세금으로 철저히 환수한다는 정부정책으로 인해 2007년부터는 양도세 기준이 기준시가나 공시지가가 아닌 실거래가 기준으로 바뀌었기 때문에 단기매매 차익을 기대하기는 예전보다 더 어려워졌다.

반드시 내가 제시한 기준에 맞추어 투자할 필요는 없다. 다만 투자에 앞서 '자신만의 확고한 기준을 세우라'는 말을 보다 강조하고 싶다.

사실 투자에 앞서 물건을 둘러보고 요모조모 따지다 보면 마음에 딱 드는 부동산을 만나기란 쉽지 않다(마음에 꼭 드는 부동산은 보통 가격이 많이 비싸다). 눈에 띄는 이런저런 단점과 부딪히면 결국 선뜻 투자 결정을 내리기 어려운 경우가 많다. 바로 이럴 때 필요한 것이 나만의 기준, '투자 나침반'인 것이다.

가급적 작고 분명한 목표를 세워라

· 5년 안에 내 부동산 100개를 만들겠다.

데생의 기초도 없는 학생이 '올해 안에 미술대회에 나가 대상을 받겠다'라거나 종자돈 500만 원도 없는 사람이 '5년 안에 억만장자가 되겠다'라는 목표를 세우는 것은 무의미할 것이다. 그 목표 자체가 나쁜 것이 아니라 자기 스스로 그 목표에 대한 열정이 클 수 없기 때문에 그렇다. '10년 안에 큰 부자가 되겠다' 등의 막연한 목표도 마찬가지다.

부동산 부자가 되기로 마음을 먹었다면(사실 살아가며 다른 상황에도 같을 것이라 생각한다) 작고 분명하고, 또렷한 목표를 세워라.

'일주일간 부동산 기사를 빠뜨리지 않고 보겠다', '지금 지출에서 매일 1만 원씩 줄여 투자금을 만들겠다', '권리분석 공부를 하루 한 시간씩 6일간 해보겠다' 등의 별 것 아닌 것 같지만 구체적인 실천 목표를 정하는 것이 좋다.

192

그리고 목표를 세웠으면 기한이 지날 때마다 계속 업데이트해보자. 살다 보면 아무리 작은 목표라도 이룰 수도 있고 그렇지 못할 수도 있다. 하지만 목표를 세우는 일 자체를 포기하지는 말자. 아무리 바쁘고 고단해도 매일매일 목표를 되뇌며 생활하자.

일주일에 한 가지씩, 한 달에 두세 가지씩 목표를 세우고 그것을 보고 나가다 보면 3개월, 6개월만 지나도 그 차이는 확연히 나타난다. 그리고 몇 개월, 몇 년이 지난 다음 지난날의 목표를 되새겨 본다면, 내가 세운 목표가 생각보다 훨씬 많이 이루어졌음을 깨닫고 놀라게 될 것이다.

내가 경매를 시작할 당시 처음 목표는 '1년 안에 내 부동산 5개 갖기'였다. 열심히 하고 어느 정도 운이 따라준다면 가능하리라 생각하고 잡은 목표였다.

그리고 1년이 지나 내 부동산은 8개가 되어있었다. 물론 고액의 부동산은 아니다. 작고 소액의 부동산들이었지만, 앞으로 큰 가능성이 보이는 것들이었다. 지금 당장 전월세 수입이 충실히 나오는 알찬 부동산이 8개로 불어나 있었던 것이다. 그때부터 다시 6개월이 지난 시점에 내 부동산은 15개가 되었다. 지금 목표는 5년 안에 내 부동산 100개를 갖는 것이다.

꿈은 정말로 이루어진다. 단, 당신이 계속 그 꿈을 꿀 때.

월급 이외의 수입을 만들어라

· 나를 위한 자유소득이 있는가?

내가 부동산 경매를 시작해 지금까지 해올 수 있었던 가장 큰 이유는 뭘까? 여러 가지 이유가 있었겠지만, 그중 가장 큰 이유는 '자유'였다.

우리 부부는 1~2개월에 한 번씩 여행을 다니고, 영화는 가급적 사람이 붐비지 않는 평일에 보며 물건지 답사를 다닐 때도 거의 함께 한다. 답사를 다니다가도 주변에 관광지나 휴양지가 보이면 천천히 관광을 하는 일도 많다.

회사에 다니던 시절에는 어림도 없는 일이었다. 평일은커녕 주말에도 시간 내기가 어려웠고, 주말에 쉬더라도 한 주간 쉬지 못한 것을 몰아서 쉬어야 한다는 압박감에 밖에 다니는 일도 드물었다.

비단 내가 신입사원이라 그랬던 것은 아닐 것이다. 경력이 쌓이고 과장, 부장이 되면 그 책임은 더욱 더 커진다. 그래서 자기 시간이 더 줄면 줄었지 결코 늘어나지는 않는다. 이처럼 나만의 시간이 없는 생활이 지속되다가, 50대를 전후해서(조금 더 빠른 사람도 늦은 사람도 있겠지만) 퇴직을 하고 나면 갑자기 자기 시간이 무한대로 늘어난다. 수십 년을 자기 시간 없이 지내왔기에 이들은 모처럼 주어진 시간이 부담스럽고 버겁게 느껴지는 경우가 많다.

내가 지금 여유롭게 지낼 수 있는 이유는 회사에 다닐 때에 비해 경제적으로 훨씬 풍요로워서는 아니다. 당연한 일이겠지만 퇴직 초반에는 재직 당시보다 수입이 크게 줄어 나름의 압박을 받은 경험도 있다. 그래서 급작스러운 퇴직은 만류하고 싶다.

　나는 월급 대신에 자유를 얻었다. 지금 내가 버는 돈 100만 원과 회사에서 일하며 받던 100만 원은 금액은 같되 의미는 전혀 다르다. 월급으로 받던 100만 원은 일정 시간 이상(일하는 시간 외에도 추가적으로 많은 시간을) 회사에 얽매여 받은 것으로, 직장을 잃는다면 그 수입도 즉시 사라진다. 그리고 월급이 늘어난다고 해서 내 여가시간이 많아지거나 생활이 더 편안해지지도 않는다. 오히려 늘어난 급여와 비례하여 업무량과 스트레스도 늘어나기 마련이다.

　반면, 지금의 100만 원은 내가 일에 얽매이지 않아도 자연히 들어오는 돈이다. 즉, 나는 그 시간에 다른 수입원을 찾아도 되고 혹은 여가를 즐겨도 되는 것이다. 그 시간 중 일부를 쪼개 다른 수입원, 다른 투자처를 찾는 데 사용한다면, 내 자유소득은 시간이 갈수록 커지고 이에 비례해서 내 여가와 자유도 커진다.

　자유소득이 꼭 부동산 임대수입일 필요는 없다. 펀드, 채권, 로열티 등 어떤 것이라도 좋다. 다만 결코 어느 선 이상의 이익이 확정적으로 보장되어야 한다.

　예를 들어 종자돈으로 주식투자를 하는데, 어떤 달은 1,000만 원의 이익을, 어떤 달은 500만 원 손실을 본다면, 이는 자유소득이 아니라 리스크 있는 투자다. 똑같은 주식투자라도 원금 손실은 결코 보지 않고, 많고 적음의 차이는 있을지언정 무조건 이익이 난다면 그것은 자유소득이라 할 수 있다.

물론 하루 종일 주식 시세판을 보며 데이트레이딩을 하고 장 전후에도 국내외 시장분석에 자기 시간을 쏟는다면 이것은 자유소득이 아니라 근로소득일 것이다.

투자 업종이 어떻게 되었든 수입이 얼마든 상관없다. 우선 자기만의 '자유소득'을 만들어 보자. 그 '자유소득'을 키워나가다가 마침내 '근로소득'보다 커지게 되면 당신은 '자유'를 선택할 수 있게 될 것이다. 물론 '자유소득'이 꼭 '근로소득'보다 커야 하는 것은 아니다. 근로소득의 절반만 되어도 '자유'를 선택하고, 주어진 시간에 새로운 투자를 준비하거나 파트타임 잡으로 수입을 벌충해도 된다. 나 역시 부동산 경매를 하며 충분히 남는 시간에 번역이나 과외 등으로 추가 수입을 확보하기도 하였다.

중요한 것은 여러분에게 '자유'를 선사할 '자유소득'이 있느냐 하는 것이다.

부동산 스승을 만들어라
· 나를 위한 멘토는 누가 있을까?

학창 시절에 나는 수학을 좋아했다. 초등학교 시절 나름 어려운 문제를 끙끙거리고 풀곤 했는데, 그다지 끈기 있는 편이 못되어 금방

답지를 보기 일쑤였다. 답지를 보고 '옳거니' 하는 것도 있었지만 그래도 잘 이해가 안 될 때는 아주 쉽게 포기해버렸다.

중학교 1·2학년 때 담임선생님이 모두 수학선생님이셨는데, 당시에 두 분 모두 학생들에게 참 따뜻하게 대해주는 젊은 여선생님이어서 나도 많이 따랐다. 선생님과 대화라도 한마디 더 해보고 싶은 마음에 나는 수학문제를 들고 졸졸 따라다니곤 했다. 의도하지는 않았지만 덕분에 내 수학의 기초는 그렇게 퍽 잘 다져졌다.

내가 경매를 시작할 때도, 물건분석을 할 때도, 명도과정에서 어려움에 부딪쳤을 때도 내게는 늘 조언을 구할 스승이 있었다. 나 혼자서 아무리 끙끙거려도 풀리지 않던 문제가 스승의 조언 한마디로 너무 쉽게 풀려버리고, 법률 사례나 인터넷을 뒤적여도 이해가 안 되는 내용이 스승의 설명으로 가볍게 해결된 경우도 비일비재했다.

돌이켜 생각해 보면 회사나 사회생활도 다 비슷한 듯하다. 사회 초년병이든 과장·회장이든 주위에 조언자나 멘토는 반드시 필요하다.

부동산 투자를 할 때 여러 가지 물건들을 두고 검토하게 되는데, 그 물건에 대한 충고뿐 아니라 더 나은 대안 제시나 생각하지 못한 위험들에 대해서도 부동산 스승은 조언해줄 수 있다. 그런 과정을 반복할수록 식견과 내공이 쌓여가기 마련이다.

그 스승이 부동산 전문가여도 좋고 그 방면에 대해 잘 아는 지인이라도 좋다. 부동산 분야를 잘 알고 있는 누구라도 스승이 될 수 있다.

그 사람을 가까이 두고 지내는 것만으로도 당신의 부동산 기초는 과거에 비해 크게 다져질 수 있을 것이다.

아무리 떠올려 봐도 마땅한 스승이 없다고? 그런 경우엔 슈퍼에 들러 음료수 한 상자를 사들고 집 주변 공인중개사무소를 방문해보자. 그리고 본인이 거주하는 집의 전월세, 매매 가격부터 시작해서 지역 발전 가능성, 투자 유망 물건, 주변 급매물 등에 대해 담소를 나누어라. 그렇게 친해진 공인중개사가 여러분의 삶에 큰 도움이 될 날이 반드시 올 것이다.

부채 대신 자산을, 자동차 대신 집을 사라
· 신차는 '신나는 차입금'의 줄임말이다.
· 부동산은 결코 그대를 배신하지 않는다.

이런 얘기는 다른 여러 서적에서도 많이 언급된 내용이다. 나는 수년 전 《부자 아빠 가난한 아빠》라는 책에서 이 주제에 관한 이야기를 읽고 많은 것을 느꼈다. 많은 선배들이 강조했던 이 주제를 나 역시 사례를 들어 다시 한 번 강조하고 싶다.

나의 대학 1년 선배로 S사에 다니는 C가 있다. 대학 시절에 놀기도 좋아했지만 학교 성적이나 여러 커리어 관리도 착실히 잘하는 여러 모로 모범적인 선배였다. 졸업과 동시에 S대기업에 들어가 상당한 연봉과 인센티브를 받기도 하여 아직 졸업하지 않은 후배들에게 부러움을 사기도 하였다.

그 선배가 졸업한 지 2년쯤 지났을 때였다. 어느 술자리에서 C선배를 다시 만났을 때 나는 무척 놀랐다. 회사를 2년 넘게 다니면서 모은 돈이 하나도 없다는 것이었다.

그는 집이 인천이라서 강남에 위치한 회사를 다니려면 너무 힘든지라 강남에 월세 집을 구해 살고 있는데, 다달이 월세로 나가는 비용이 많았다. 게다가 사회초년병 시절 여러 유흥업소에 다니며 흥청망청 써버린 금액도 상당했다. 그나마 모았던 1,000만 원가량의 돈을 얼마 전 새로 출시된 중형차를 구입하는 데 다 썼다고 했다. 그것도 나머지 절반 이상의 금액은 36개월 할부로.

그래도 C선배는 경영학과를 졸업해서 재테크나 수입-지출 관리면에서 남들보다 배울 기회가 많았다고 생각했는데, 자신이 그렇게 피땀 흘려 번 2년여의 급여 소득을 그렇게 허망하게 써버렸다고 하니 개인적으로 무척 충격이었다.

그렇다면 여기서 신차 구입이 재정적으로 얼마나 큰 손실인지 살펴보자. 공장도가 1,800만 원짜리 중형차를 새로 구입했을 때 드는 총 비용은 2,300여 만 원이다. 일단 특소세, 부가가치세를 포함한 세금으로만 500만 원 이상 지출된다. 그리고 새 차일 때 1,800만 원인 이 차는 1년만 지나도 차량 가격의 20%가량이 평가 절감된다. 즉, 1년만 지나도 이 차량의 판매 가치는 1,440만 원가량에 불과해지는 것이다.

그렇다면 구입하고 1년 만에 차량 가치로만 860만 원 정도 손실이 발생한다. 구입가격 2,300만 원 대비 35%가 넘는 손실이다. 1년에 35% 손실이라. 대단한 손해 아닐까?

손실은 860만 원에 그치지 않는다. 혹여 일시불이 아니라 할부로 구입했다면 여기에 연리 10%가 훌쩍 넘는 할부이자를 감내해야 한다. 그리고 차량 보험금이 연간 70~100만 원 정도 지출될 것이다. 기름값으로도 수백만 원 지출이 발생한다.

보기만 해도 흐뭇해지는 새 차를 구입함에 따른 1년 후 손실액은 1,000만 원을 훌쩍 넘는다. '860만 원+할부이자+70만 원+200만 원(기름값은 월 18만 원 지출로 가정)'이다. 그리고 차량을 구입함과 동시

자동차 세금 산출식과 실제 사례(비사업용 자가 승용차 기준) (단위: 천 원)

세금		산출식	중형차 2,200cc	대형차 3,300cc
세금		산출식	중형차 2,200cc	대형차 3,300cc
구매 과정	공장도 가격A		18,000	32,600
	특별소비세B	A×5% 또는 A×10%	900	3,260
	특소세교육세C	B×30%	270	978
	부가가치세D	(A+B+C)×10%	1,917	3,684
	소비자판매가E	A+B+C+D	21,087	40,522
등록 과정	취득세	(E-D)×2%, 공급가격×2%	383	737
	등록세	(E-D)×5%, 공급가격×5%	959	1,842
	공채(할인 시)	(E-D)×12%×30% *서울 지역 공채할인율 30% 적용 시	690	1,326
신차구입 비용 총계			약 2,312만 원 [세금 약 512만 원]	약 4,443만 원 [세금 약 1,183만 원]

※지역, 시점에 따라 공채할인액과 할인율은 차이가 있음

에 이 사람이 갖고 있던 2,300만 원의 자산은 사라지고 기름값, 보험료, 사고위험 등의 잠재 부채가 만들어진다.

반대로 염원하던 예쁜 애마를 눈물을 머금고 포기하고, 그 2,300만 원을 본인이 선호하는 금융 혹은 부동산 상품에 투자해서 연 10% 수익을 예상한다고 가정해보자.

1년 후 수익금은 230만 원이 되어 원금과 이자를 합하면 2,530만 원이 된다. 크지 않다고 느낄 수 있지만, 이 경우에는 부채 발생 없이 내 자산이 더 커진 상황이다.

새 차를 구입했을 때와 비교하면 단 1년 만에 이렇게 어마어마한 차이가 발생하는 것이다. 그러나 새 차로 기분 내는 것은 자유소득이 충분히 확보된 후로 미루는 것이 어떨까?

그래도 차가 꼭 필요해서 구입해야 한다면 중고차를 구입하라. 일단 중고차는 특소세, 부가가치세를 물지 않아 세금 면에서 크게 유리하다. 초기 1~3년 연식이 지날 때 차량 가치가 크게 떨어지기 때문에 신차와 큰 차이 없는 차량을 훨씬 저렴하게 구입할 수 있다.

'중고차는 믿을 수 없다' 라는 편견은 집어치우자. 중고차에 대한 인식도 좋지 않고 주위에 차량에 대해 잘 아는 사람도 없어서 차량 구입이 어렵다면, 망설이지 말고 가장 현명한 대중교통족 생활을 즐겨라. 지금 투자하는 작은 돈이 몇 년 안에 큰 보답으로 돌아올 것이다.

201

혹여 은행예금이나 펀드에 투자하기에는 수익이 만족스럽지 않다면 부동산에 투자하라.

앞 사례에서도 언급되었지만 2,000여 만 원이면 대출을 일부 활용하여 5,000~6,000만 원까지의 부동산 취득이 가능하다. 아니면 2,000~3,000만 원가량의 부동산 두 개를 한꺼번에 취득할 수도 있다 (같은 금액을 투자할 때, 일반적으로 큰 부동산 한 개보다 작은 부동산 두 개가 수익률이 높다). 2,000~3,000만 원의 주택에서 보증금 500만 원에 월세 20~30만 원 이상 받을 수 있는 경우는 매우 흔하다.

그 과정에서 약간의 수고는 들겠지만, 2,000만 원으로 대출 4,000만 원을 끼고 3,000만 원짜리 주택을(혹은 수익형 부동산) 2채 매입하

2,000만 원으로 내 부동산 두 개 마련하기

구분	금액
부동산가액	6,000만 원(3,000만 원 × 2) - 편의상 부동산가액은 세금 및 기타제비용을 모두 포함한다고 가정
초기투자액	2,000만 원
대출액	4,000만 원
보증금	1,000만 원
실투자금액	1,000만 원
월수입	50만 원
이자비용	28만 원
월수익	22만 원
연수익	264만 원

여 보증금 500만 원에 월세 25만 원을 받는다고 가정하자(다시 말하지만, 드문 케이스가 아닌 아주 평범한 경우다).

대출이자가 8%라면 1달 이자는 28만 원가량, 월세 수입은 50만 원이 된다. 그리고 보증금으로 1,000만 원은 다시 회수된다.

연수익으로 환산하면 264만 원이고, 투자액(1,000만 원)대비 수익률은 26.4%다. 그리고 보증금으로 회수한 1,000만 원이 재투자된다면 수익은 더 커진다.

물론 26.4%의 수익을 위해서는 물건 조사부터 명도 후 새로운 세입자를 찾는 것까지 어느 정도의 수고가 요구된다. 하지만 일단 내 수고를 통해 세입자 입주까지 무사히 마치면 그 후부터는 즐거운 자유소득이 기다린다. 평생 나를 배신하지도, 해고하지도, 구속하지도 않는 자유소득이.

신용도 관리를 잘하라

· '아차' 해도 소용없다. 단 한 번도 실수하지 마라.
· 신용도가 좋으면 '공돈'이 생긴다.

낙찰을 받은 후 잔금 납부는 일반적으로 상당부분 대출을 활용한다. 대출을 결정하는 기준은 크게 세 가지가 있는데, 부동산 평가가액, 정부정책(DTI, LTV), 신용도 등이 그것이다.

부동산 평가액이 큰 물건이 대출이 더 많이 되는 것은 당연하고, 수도권 투기지역 등은 DTI(총부채상환비율)나 LTV(주택담보인정비율)

등의 규제에 따라 고가주택일수록 대출가능 비율은 축소된다. 그리고 신용도는 대출가능 금액 산정과는 별 관련이 없고, 대출가능 여부와 대출 시 금리 결정에 큰 영향을 미친다.

여기서 경락자금대출은 일반담보대출에 비해 대출액이 더 큰 것이 일반적이다. 잔금 납부 후 소유권 이전 시 특수한 경우가 아니면 (인수되는 권리가 있는 경우 등) 모든 권리관계가 말소되어 은행 근저당이 최선순위가 되기 때문에 은행 측에서도 일반적인 경우보다 대출 비율을 보다 높게 적용하는 것이다.

그런데 아무리 경락자금대출이라도(부동산 담보대출에 일종인) 대출자의 신용도가 기준치보다 낮으면 대출 실행이 어렵다.

보통 1금융권은 신용등급 7등급 이하(1금융권은 일반적인 시중 대형 은행들을 말한다), 2금융권은 8등급 이하(보통 신협, 새마을금고가 2금융권 범주에 포함된다)이면 대출이 상당히 어렵다. 때문에 경매를 지속적

Special **Tip**

경락자금대출은 어느 정도 가능한가?

주택은 낙찰가의 60~80%, 오피스텔은 50~70%가 대출된다. 상가와 토지의 경우 케이스별로 천차만별이며, 차량은 고가가 아니면 대출이 어렵다. 해당 비율은 1 · 2금융권의 일반적인 대출을 의미한다. 3금융권 등의 보다 금리 높은 곳에서는 90% 이상 대출이 가능하기도 한다. 그러나 매우 고리인 데다 해당 금융회사에서 대출했을 때 향후 본인 신용도에도 상당한 악영향을 미치니 숙고가 필요하다.

으로 하겠다고 마음을 먹었다면 본인 신용도 관리는 철저히 해야 한다. 단기적으로 자금이 부족하고 애로사항이 있더라도 금융기관에 절대로 연체나 미납 기록을 남겨서는 안 된다.

필자의 사례처럼 작은 물건을 지속적으로 매입하는 경우 신용도 하락은 불가피하다. 대출을 위한 신용조회 기록이 계속 발생하고, 대출 건수와 대출금액이 증가하기 때문이다. 때문에 여러 건을 경락하여 대출받았을 경우 본인 신용도 하락에 따른 대출금리 상승은 감안해야 한다.

--------- Special

우수한 신용도 유지의 正道

① **신용등급 관리 사이트에 가입하라**(유료 연간 1~2만 원 선).
신용관리 사이트는 마이크래딧, 크래딧뱅크, 올크래딧, 크래딧포유 등이 있고 사이트별로 이용 요금과 제공 정보 범위가 차이가 있다. 필자의 경우 유료 가입 전 데모 버전으로 비교한 후, 그중 가격이 저렴한 편인(연 1만 원) 사이트에 등록을 해서 신용관리를 해왔다.
그런데 몇 달간 내 신용 정보 데이터가 거의 업데이트되지 않고, 심지어는 대출을 위해 은행에서 조회한 신용등급과 크게 차이가 나기도 하였다. 그래서 이용료가 조금 더 높은(연 2만 원) 사이트에 다시 가입하였다. 개인적으로 가급적 비슷한 상품을 저렴하게 구입하는 것을 선호하는 편인데, 이 부분은 비용이 조금 더 들더라도 충분한 서비스를 제공하는 사이트에 가입할 것을 권한다.
가입 후에는 본인 PC에 해당 사이트를 즐겨찾기 해두고 적어도 1개월에 2~3회 이상은 접속하여 본인 신용 변동 사항을 체크하는 습관을 길러라.

② 카드론, 현금서비스 등을 함부로 이용하지 마라.

신용등급에 악영향을 미치는 순서를 들면 1·2금융권 대출(담보, 신용)〈카드론〈현금서비스〈대부업체 순이 된다. 대부업체에서의 신용조회 및 대출은 본인 신용도에 즉각적인 하락을 가져온다. 이외의 건 들은 즉시 신용도 하락을 유발하지는 않지만 누적될수록 본인 신용도에 악영향을 끼치는 만큼 신중하게 이용하여야 한다.

③ 대출 건수, 금액 등을 관리하라.

앞서 언급하였듯이 낙찰을 받고 경락자금대출을 받다 보면 대출 건수가 늘어나는 것은 불가피하고 누적되면 신용도 하락도 피할 수 없다. 때문에 단기간에 급격히 대출 건수를 늘리는 것은 피하는 것이 좋다.

만약 일정 기간 동안 여러 건을 낙찰받을 계획을 갖고 있다면, 그 건을 몰아서 한 금융회사에서 대출받도록 하자(일정상의 문제와 낙찰의 불확실성 등으로 뜻대로 되는 부분만은 아니지만). 그렇게 하면 대출을 위한 신용조회도 한 번으로 가능하고 대출 건수도 한 건으로 통합해서 이루어질 수 있다. 같은 1억 원의 대출이라도 3,000만 원/3,000만 원/4,000만 원씩 3건인 경우와 1억 원 한 건인 경우는 전자가 신용도에 보다 악영향을 미친다.

'보증 함부로 서지 말라'는 격언은 신용도 부분에서도 통한다. 보증은 우발채무로 분류되어 개인 총부채금액이 올라가는 효과가 있다. 예를 들어 본인 대출이 1억 원 보증금액이 1억 원이면 이 사람의 총 부채금액은 2억 원으로 분류된다. 그만큼 부채금액이 올라가게 된다. 요즘 보증 쉽게 서는 사람은 드물겠지만 이 부분도 미리 참고해두면 좋을 것이다.

대출금액이 많아진다고 무조건 신용도가 하락하는 것은 아니다. 이는 본인의 소득 정도에 따라 차이가 있다. 소득수준이 충분히 높을 경우(또한 그것을 증명할 수 있는 경우), 상당한 대출이 있어도 신용도 하락을 유발하지 않는다. 오히려 어느 정도 대출이 있고 연체기록 없이 꾸준히 상환하는 것은 신용도에 좋은 영향을 끼친다.

④ **소액 연체도 철저히 관리하라.**

신용평가에는 총 연체금액보다 오히려 연체 기간이나 횟수가 더 중요시되는 경향이 있다. 그러므로 매월 카드 결제액을 반드시 제 날짜에 자동이체되도록 하고, 세금이나 국민연금, 건강보험료도 연체되지 않도록 하자(원천징수되는 회사원은 신경 쓸 필요 없는 부분). 또한 전화요금, 휴대폰 요금, 인터넷 요금 등의 통신 요금도 장기 연체했을 경우, 신용에 악영향을 미치므로 미납되지 않도록 신경 쓰자.

⑤ **주거래 은행을 딱 한 곳 정해서 꾸준히 거래하라.**

예금, 펀드, 급여이체, 카드대금 결제계좌 등의 거래를 가급적 한 은행에서 이루어지도록 하라. 이렇게 하면 해당 은행에서 높은 신용도와 여러 가지 혜택을 받을 수 있다. 물론 이는 나의 신용도 향상을 위한 직접적인 방법은 아니지만 해당 은행에서 대출을 받는 경우 신용등급 1·2등급 차이보다 훨씬 좋은 결과를 얻을 수 있다.

⑥ **배우자 등 주변 사람의 신용도를 활용하라.**

여러 건을 경락받아 대출 건수가 늘어날수록 신용도 하락은 불가피하다고 언급하였다. 신용도가 떨어지면 신규대출에 어려움을 겪을 수도 있고 대출금리가 올라가는 부작용이 있다. 때문에 대출 사안에 따라 자기 주위의 한두 사람의 신용을 공유하는 편이 좋다. 남편이나 부인 등 배우자이면 가장 좋을 것이고 부모님이나 형제들도 무방하다.

내 경우를 보면, 임대를 위한 소형 물건들은 모두 내 명의로 낙찰과 대출을 받았다. 그리고 우리가 사는 집이나 비교적 큰 물건은 아내 명의로 구입 또는 낙찰을 받았다. 대출금액이 큰 물건일수록 이자율 0.1%에도 민감해지기 마련이다(나와 아내의 이자율 차이는 거의 1% 이상이다). 이 방법을 통해 나는 원하는 대출을 최대한 실행하며 이자액은 가급적 낮출 수 있었다.

빠른 투자, 빠른 성공을 만든다

글을 마무리하는 시점에 드는 여러 가지 생각 중 하나는 '혹시 경매에 대해 너무 긍정적 측면만 강조한 것이 아닌가' 하는 것이다. 여러 가지 사례와 나름의 이유를 들어 부동산 투자에 있어서 경매라는 좋은 도구를 활용하자는 측면을 강조한 부분이 혹여 경매가 유일한 해결책인 양, 마음먹은 대로 이루어지는 요술봉인 것처럼 비춰지지 않았으면 한다.

하지만 집 앞 상점의 사과보다 가락동 도매 시장의 그것이 싼 것처럼, 경매를 통한 부동산 구입이 여러 가지 면에서 유리한 것은 엄연한 사실이다. 때문에 나는 이러한 좋은 도구를 좀 더 많은 사람들에게 알려 각자가 가진 부동산에 대한 꿈을 이루는 데 조금이라도 일조하고자 이 글을 적었다.

모든 사람이 열심히 공부한다고 수학을 잘하는 것이 아니고 저마다에게 맞는 전공이 있듯이 경매도 모든 사람의 적성에 맞을 수는 없다. 또, 별 준비 없이 경매 시장에 뛰어들어 운이 좋은 덕에 큰 성공을 거둔 사람도 있는가 하면 나름대로 내공을 충분히 쌓고 실전에 임했어도 좋은 결과를 보지 못한 사례도 분명히 있다. 다른 분야보다는 적은 편이지만, 그러한 불확실성이 분명 존재하기 때문에, 필자처럼 경매를 주업으로 하길 권할 생각은 없다.

하지만 수 년, 수십 년간 내집마련을 꿈꾸며 열심히 저축했지만 아직 꿈을 이루지 못했거나, 혹은 자기 주도의 재테크 방법을 간절히 원하는 독자들에게 다음의 메시지를 전하고 싶다.

'당장 실행하라!'

갈수록 내집마련이 어려워진다고, 이런 사회구조적 문제는 정부가 풀어야 한다고, 집은 오로지 거주만을 위한 것이기 때문에 투자를 위한 부동산 구입은 불필요하다며 불평하고 자기위안을 하는 것은 누구든지 할 수 있다. 무언가를 이룬 사람과 그렇지 않은 사람의 차이는 단 하나 '실행'에 있다.

지금 당장 경제신문을 탐독하고, 인터넷 서핑할 때는 경제·부동산 뉴스를 가장 먼저 확인하는 습관을 길러라. 그 연후에 부동산 경매에 관한 기사, 설명을 차근차근 접해 보자. 기사가 익숙해졌으면 기초 권리분석만 마쳐보자. 시간은 총 6시간, 매일 1시간 씩 기한은

6일이다.

권리분석 후에는 경매 사이트 산책이다. 사이트를 산책하며 마음에 드는 물건을 보는 것만으로도 내공은 쌓인다. 그 다음은 물건지 탐방과 입찰가 산정이다. 일단 입찰가가 결정되었으면 법원에 가서도 흔들림 없이 밀어 붙이는 것이 중요하다.

낙찰받지 못했으면 다시 경매 사이트 산책 단계로 돌아간다. 슬프거나 노여워할 이유는 전혀 없다. 차비 정도를 들어서 물건 공부 충분히 하였으니, 오히려 많이 남는 장사다. 원하는 대로 낙찰받았으면 앞서 제시한 것처럼 명도 및 입주 혹은 세입자 들이기나 매도 과정을 차근차근 진행하면 된다.

이것이 필자가 제안하는 '내 부동산 마련을 위한 과정' 이다.

나는 아직 책 한 권 내어본 적 없는 이 분야의 '왕초보' 다. 학창 시절 글짓기를 좋아하는 편도 아니었다. 하지만 나는 지금 '실행' 하고 있다.

'실행' 후에는 본디 내가 생각한 대로 책이 출간되어 많은 독자들에게 읽힐 수도 그렇지 않을 수도 있겠지만 나는 또 한 단계 성장할

것이다. 또한 그러한 '실행' 과정에서 많은 것들을 배울 것이고 그
것들은 내 삶에 또 하나의 지지대 역할을 해줄 것이다.

　내가 생각하는 '좋은 책'이란 독자들을 움직이게 할 수 있는 책이
다. 훌륭한 작가들은 직접적으로 표현하지 않고도 독자들을 감동시
키고 움직인다. 나는 아직 훌륭한 작가는 되지 못한다. 하지만 이 책
은 꼭 '좋은 책'이길 바란다. 그리고 이 책을 읽은 분들은 꼭 '실행'
하길 간절히 기원해 본다.

반드시 챙겨야 하는 핵심 투자지도

강남순환도로 공사 계획

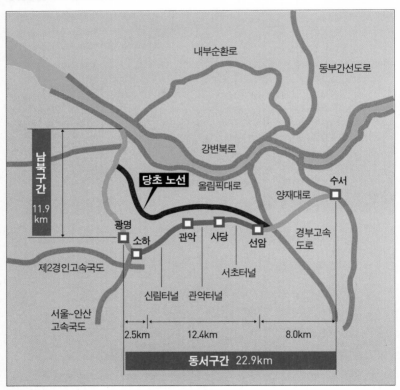

출처: 서울시

경기도 1차 뉴타운 사업지구 현황

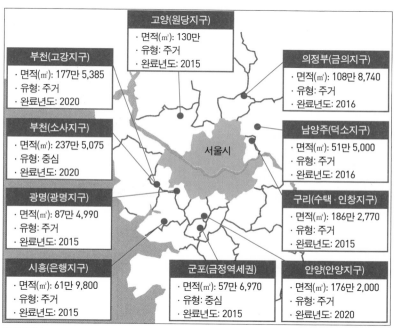

고양(원당지구)
· 면적(㎡): 130만
· 유형: 주거
· 완료년도: 2015

부천(고강지구)
· 면적(㎡): 177만 5,385
· 유형: 주거
· 완료년도: 2020

부천(소사지구)
· 면적(㎡): 237만 5,075
· 유형: 중심
· 완료년도: 2020

광명(광명지구)
· 면적(㎡): 87만 4,990
· 유형: 주거
· 완료년도: 2015

시흥(은행지구)
· 면적(㎡): 61만 9,800
· 유형: 주거
· 완료년도: 2015

의정부(금의지구)
· 면적(㎡): 108만 8,740
· 유형: 주거
· 완료년도: 2016

남양주(덕소지구)
· 면적(㎡): 51만 5,000
· 유형: 주거
· 완료년도: 2016

구리(수택 · 인창지구)
· 면적(㎡): 186만 2,770
· 유형: 주거
· 완료년도: 2015

안양(안양지구)
· 면적(㎡): 176만 2,000
· 유형: 주거
· 완료년도: 2020

군포(금정역세권)
· 면적(㎡): 57만 6,970
· 유형: 중심
· 완료년도: 2015

서울시

출처: 경기도

수도권 광역전철 5개년 계획도

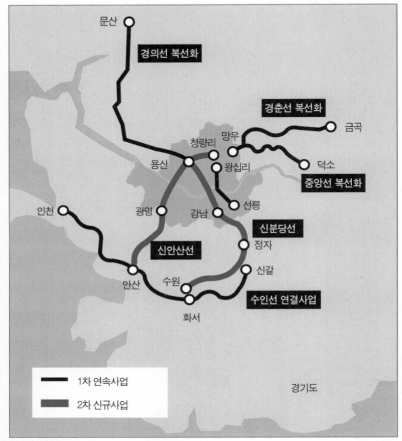

출처: 국토해양부

분당선 연장구간 및 용인 경전철 노선도

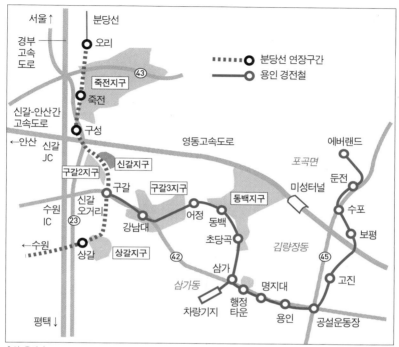

출처: 용인시

서울 1·2·3차 뉴타운

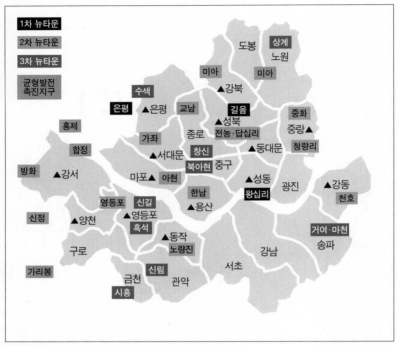

출처: 서울시

216

수인선 공사현황 및 구간별 완공시기

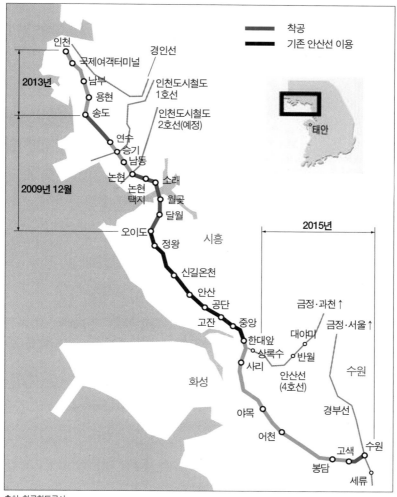

출처: 한국철도공사

경인전철 인천지역 역세권 개발

출처: 인천시

인천국제공항 철도 노선도

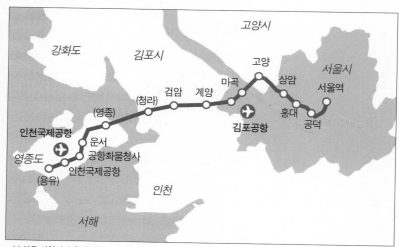

※( ) 안은 인천시가 추가 설치 요구 중
출처: 공항철도(주)

주한미군 반환예정지 현황

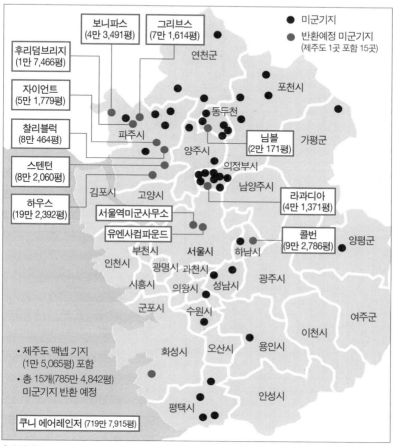

● 미군기지
● 반환예정 미군기지
(제주도 1곳 포함 15곳)

보니파스
(4만 3,491평)

그리브스
(7만 1,614평)

후리덤브리지
(1만 7,466평)

자이언트
(5만 1,779평)

찰리블럭
(8만 464평)

스텐턴
(8만 2,060평)

하우스
(19만 2,392평)

님블
(2만 171평)

라과디아
(4만 1,371평)

콜번
(9만 2,786평)

서울역미군사무소

유엔사컴파운드

연천군

포천시

동두천

가평군

파주시

양주시

의정부시

남양주시

김포시

고양시

양평군

부천시

서울시

하남시

인천시

광명시 과천시

광주시

시흥시

의왕시 성남시

군포시

수원시

여주군

이천시

화성시

오산시

용인시

평택시

안성시

• 제주도 맥넵 기지
  (1만 5,065평) 포함
• 총 15개(785만 4,842평)
  미군기지 반환 예정

쿠니 에어레인저 (719만 7,915평)

출처: 경기도

정부의 각종 개발 계획 현황

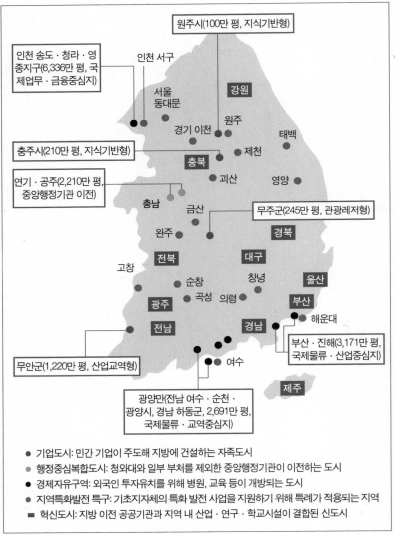

원주시(100만 평, 지식기반형)

인천 송도 · 청라 · 영종지구(6,336만 평, 국제업무 · 금융중심지)

인천 서구

서울 동대문

강원

경기 이천

원주

태백

충주시(210만 평, 지식기반형)

제천

충북

연기 · 공주(2,210만 평, 중앙행정기관 이전)

괴산

영양

충남

금산

무주군(245만 평, 관광레저형)

완주

경북

전북

대구

고창

순창

창녕

울산

곡성

의령

부산

광주

경남

해운대

전남

무안군(1,220만 평, 산업교역형)

부산 · 진해(3,171만 평, 국제물류 · 산업중심지)

여수

제주

광양만(전남 여수 · 순천 · 광양시, 경남 하동군, 2,691만 평, 국제물류 · 교역중심지)

- 기업도시: 민간 기업이 주도해 지방에 건설하는 자족도시
- 행정중심복합도시: 청와대와 일부 부처를 제외한 중앙행정기관이 이전하는 도시
- 경제자유구역: 외국인 투자유치를 위해 병원, 교육 등이 개방되는 도시
- 지역특화발전 특구: 기초지자체의 특화 발전 사업을 지원하기 위해 특례가 적용되는 지역
- 혁신도시: 지방 이전 공공기관과 지역 내 산업 · 연구 · 학교시설이 결합된 신도시

※( ) 안은 개발개요
출처: 국토해양부

알기 쉽게 풀이한 경매 용어들

• **가등기** : 종국등기를 할 수 있을 만한 법적 요건을 구비하지 못한 경우, 혹은 권리의 설정, 이전, 변경, 소멸의 청구권을 보전하려고 할 때와 그 청구권이 시한부 · 조건부이거나 장래에 있어서 확정할 것인 때, 그 본등기를 위해 미리 그 순위를 보존하게 되는 효력을 가지는 등기로 예비등기의 일종이다. 가등기는 그 자체로는 완전한 등기로서의 효력이 없으나 후에 요건을 갖추어 본등기를 하게 되면 그 본등기의 순위는 가등기의 순위로 되므로, 결국 가등기를 한 시점을 기준으로 본등기의 순위가 확정된다는 본등기 순위보전의 효력과, 본등기 이전에 가등기가 불법하게 말소된 경우에 가등기 명의인은 그 회복을 청구할 수 있는 가등기자체의 효력(청구권 보존의 효력)이 있다.

• **각하** : 국가기관에 대한 행정상 또는 사법상의 신청 자체를 배척하는 처분, 특히 소송상 법원이 당사자 그 밖의 관계인의 소송에 관한 신청을 배척하는 재판을 말한다. 다만 민사소송법상 기각과 구별하여 사용하는 경우에는 소송 요건 또는 상소의 요건 자체를 갖추지 못하여 사건 자체를 심리(검토) 없이 배척하는 재판을 말한다.

• **감정평가액** : 감정평가사가 부동산의 경제적인 가치를 화폐의 단위로 측정한 것으로, 감정평가액은 최초 경매 시 최저입찰가격이 된다. 집행법원은 감정인으로 하여금 부동산을 평가하게 하고 그 평가액을 참작하여 최저매각가격을 정한다. 감정인의 평가액을 그대로 최저매각가격으로 정하여야 하는 것은 아니지만, 실무에서는 대부분 감정인의 평가액을 그대로 최저매각가격으로 원용하고 있다. 감정평가서에는 감정가격의 결정을 뒷받침하고 응찰자의 이해를 도울 수 있도록 감정가격을 산출한 근거를 밝히고 평가항목, 위치도, 지적도, 사진 등을 첨부해야 한다. 그리고 이 감정평가서는 매각기일 1주일 전부터 매각물건명세서에 첨부해 일반인의 열람이 가능하도록 비치된다.

• **강제 경매** : 채무자 소유의 부동산을 압류 · 환가하여 그 매각대금을 가지고 채권자의 금전

채권의 만족을 얻음을 목적으로 하는 강제집행 절차다. 입찰자 입장에서는 '임의경매'와 '강제경매' 간의 특별한 차이는 없다.

- **강제 집행** : 채권자의 신청에 의하여 국가의 집행기관이 채권자를 위하여 채무명의에 표시된 사법상의 이행청구권을 국가공권력에 기해 강제적으로 실현하는 법적 절차다.

- **개별경매(분할경매)** : 수 개의 부동산에 관하여 동시에 경매신청이 있는 경우에는 각 부동산별로 최저경매가격을 정하여 경매해야 한다는 원칙이다. 다만 법원은 수 개의 부동산의 위치, 형태, 이용관계 등을 고려하여 이를 동일인에게 일괄 매수시킴이 상당하다고 인정한 때에는 자유재량에 의하여 일괄경매를 정할 수 있다.

- **경매개시결정** : 경매신청의 요건이 구비되었다고 판단되면, 집행법원은 경매절차를 개시한다는 결정을 하는데, 이것이 경매개시결정이다. 이때 집행법원은 직권 또는 이해관계인의 신청에 따라, 부동산에 대한 침해행위를 방지하기 위해 필요한 조치를 할 수 있다. 이와 동시에 집행법원은 그 부동산의 압류를 명하고, 직권으로 그 사유를 등기부에 기입할 것을 등기관에게 촉탁한다. 경매개시결정이 채무자에게 송달된 때 또는 경매신청의 기입등기가 된 때에 압류의 효력이 발생하며, 이때부터는 그 부동산에 대한 각종 처분행위를 할 수 없다.

- **공동경매** : 수인의 채권자가 동시에 경매신청을 하거나 아직 경매개시결정을 하지 않은 동일 부동산에 대하여 다른 채권자로부터 경매신청이 있으면 수 개의 경매신청을 병합하여 1개의 경매개시결정을 하여야 하며, 그 수인은 공동의 압류채권자가 되고, 그 집행절차는 단독으로 경매신청을 한 경우에 준하여 실시되는 절차다. 이때 각 부동산은 하나의 사건번호에 여러 물건번호로 진행된다.

- **공탁** : 변제자가 변제의 목적물을 채권자를 위해 공탁소에 맡겨 두어 채권자의 협력이 없는 경우에도 채무를 면하는 제도다. 변제자, 즉 채무자를 보호하기 위한 제도다. 공탁의 성립 요건으로는, 채권자가 변제를 받지 않거나 받을 수 없어야 하므로 변제자의 과실 없이 채권자를 알 수 없는 경우도 이에 해당한다. 공탁의 목적물은 채무의 내용에 적합한 것이어야 하고 일부공탁은 원칙적으로 무효다. 대체로 ① 채권소멸을 위한 공탁, 즉 채무자가 채권

자의 협력 없이 채무를 면하는 수단으로 하는 변제공탁, ② 채권담보를 위한 공탁, 즉 상대 방에 생길 손해의 배상을 담보하기 위한 수단으로 하는 담보공탁, ③ 단순히 보관하는 의미로 하는 보관공탁과 기타 특수한 목적으로 하는 특수공탁 등이 있다.

- **과잉매각** : 한 채무자의 여러 개의 부동산을 매각하는 경우에 일부 부동산의 매각대금으로 모든 채권액과 집행비용을 변제하기에 충분한 경우가 있을 수 있다. 이런 경우를 과잉매각 이라고 하는데, 이에 해당하면 집행법원은 다른 부동산의 매각을 허가해서는 안 된다. 과잉매각의 경우 채무자가 그 부동산 가운데 매각할 것을 지정할 수 있다. 다만, 일괄매각의 경우에는 과잉매각이 성립하지 않는다.

- **교부청구** : 국세 징수법상 국세, 지방세, 징수금 등 채무자가 강제집행이나 또는 파산선고 를 받은 때(법인이 해산한 때) 강제매각개시 절차에 의해 채무자의 재산을 압류하지 않고도 강제 매각기관에 체납세금의 배당을 요구하는 제도다. 교부청구를 하면 조세의 소멸시효 가 중단된다.

- **권리관계** : 대인 간에 어떤 법률상의 의무를 강제할 수 있는 관계를 말한다.

- **권리능력** : 권리나 의무를 가질 수 있는 자격 내지 지위를 말한다. 자연인은 태어났을 때부 터 권리능력을 가지는 것이 원칙이나 손해배상, 호주승계, 재산상속, 유증 등의 경우에는 태아도 이미 태어난 것으로 하여 권리능력을 가지는 것으로 하고 있다.

- **기각** : 민사소송법상 신청의 내용을 종국재판에서 이유가 없다고 하여 배척하는 것을 말한 다. 기각의 재판은 본안판결이며 소송 · 형식재판인 각하와 구별된다.

- **기간입찰** : 입찰기간은 1주일 이상 1개월 이하의 범위 안에서 정하고, 개찰기일은 입찰기 간이 끝난 후 1주 안의 날로 정한다. 입찰 방법은 입찰표에 기재사항을 넣고 관할법원의 예 금계좌에 매수신청보증금을 입금한 후 받은 영수필통지서를 입찰 양식에 첨부하거나, 경 매보증보험증권을 입찰봉투에 넣어 봉함한 후 집행법원에 제출 또는 등기우편으로 부친 다.

- **기일입찰** : 기간입찰과 대비되는 방식으로, 정해진 기간이 아닌 입찰기일에 경매법정을 방문해 입찰표 양식을 작성하여 입찰보증금과 함께 제출하는 방식이다. 입찰 시간이 종료된 후 개찰하여 입찰 자격을 온전히 갖춘 사람들 중 최고가로 입찰한 사람이 최고가 매수신고인으로 선정된다.

- **낙찰** : 경매에서 최고가격을 제시한 사람을 결정하는 것.

- **대위변제** : 이해관계인이 채무자를 대신해서 자신보다 선순위 권리의 채무를 변제 · 말소하고 자신이 선순위 권리자가 되는 것.

- **대항력** : 주택임차인이 임차주택을 인도받고 주민등록까지 마치면 그 다음날부터 그 주택의 소유자가 제3자로 변경되더라도 그 제3자에 대하여 임차권을 가지고서 대항할 수 있게 된다. 이와 같이 대항할 수 있는 힘을 주택임차인의 대항력이라고 부른다. 다시 말해 임차보증금 전액을 반환받을 때까지 주택임차인이 새로운 매수인에 대하여 집을 비워 줄 필요가 없다는 것을 의미한다. 다만, 대항요건(주택인도, 주민등록)을 갖추기 전에 등기부상 선순위의 권리(근저당권, 가압류, 압류 등)가 있었다면, 주택이 매각된 경우 그 매수인에게 대항할 수 없다.

- **등기** : 새로운 등기원인이 발생한 경우에 그 등기원인에 입각하여 새로운 사항을 등기부에 기재하는 것이다. 건물을 신축하고 그것을 등기부에 기재하는 소유권보존 등기나 매매나 증여 등에 의하여 부동산의 소유주가 변경한 경우에 행하는 소유권이전 등기, 토지건물을 담보로 제공한 경우 담보권을 설정하는 저당권설정 등기 등이 이에 해당된다.

- **매각** : 소유자의 채무불이행 등의 이유로 법원에서 강제집행 절차를 거쳐 경매를 통해 이루어지는 처분행위. 입찰을 통한 경매에 의거한 소유권 취득 방식이 매각에 해당한다.

- **매각(불)허가결정** : 최고가매수인이 결정된 뒤, 담당재판부가 경매진행의 전 과정이 적법하게 진행되었는가를 검토해 1주일 뒤 매각허가 또는 불허가를 결정한다. 만약 불허가 결정이 나면 불허가 결정에 대해 이의를 제기할 수 있으며, 불허가 결정이 확정되면 1주일 후 입찰 보증금을 최고가 매수신고인에게 반환한다.

- **매각기일 및 매각결정기일의 공고** : 매각기일(입찰기일)을 지정한 때에는 법원은 이를 공고한다. 공고는 공고사항을 기재한 서면을 법원의 게시판에 게시하는 방법으로 하고, 최초의 경매기일에 관한 공고는 그 요지를 신문에 게재하여야 하며 법원이 필요하다고 인정할 때에는 그 외의 경매기일에 관하여도 신문에 게재할 수 있으며, 대법원 홈페이지(www.scourt.go.kr, www.courtauction.go.kr) 법원공고 목록에도 게재한다.

- **매각기일통지** : 법원이 매각기일을 지정하면 이를 이해관계인에게 통지하는 절차를 말하는데, 이는 집행기록에 표시된 이해관계인의 주소에 등기우편으로 발송할 수 있다.

- **매각물건명세서** : 법원은 부동산의 표시, 부동산의 점유자와 점유의 권원, 점유 기간, 차임 또는 보증금에 관한 관계인의 진술, 등기된 부동산에 관한 권리 또는 가처분으로서 경락에 의해 그 효력이 소멸되지 않는 것이다. 경락에 의해 설정된 것으로 보게 되는 지상권의 개요 등을 기재한 매각물건명세서를 작성하고, 이를 매각기일 1주일 전까지 법원에 비치해 일반인이 열람할 수 있도록 한다.

- **매각조건** : 법원이 경매의 목적부동산을 경락인에게 취득시키기 위한 조건이다. 거래의 형식상 경매도 일종의 매매라 할 수 있지만 통상의 매매에서는 그 조건을 당사자가 자유로이 정할 수 있는 반면 강제경매는 소유자의 의사에 반하고 이해관계인도 많으므로 법은 매각조건을 획일적으로 정하고 있다.

- **매매** : 매수인과 매도인의 자유의사에 의한 거래 방식. 일반적인 부동산 거래는 모두 매매에 해당한다(매각과 대비).

- **매수보증금(입찰보증금)** : 경매물건을 매수하고자 하는 사람은 최저매각가격의 1/10에 해당하는 보증금액을 입찰표와 함께 집행관에게 제출해야 한다. 매각절차가 종결된 후 집행관은 최고가매수신고인이나 차순위매수신고인 이외의 매수신청인에게는 즉시 매수보증금을 반환한다. 매각허가결정이 확정되고 최고가매수인이 대금지급기한 내에 매각대금을 납부하면 차순위매수신고인은 보증금을 반환받고, 만일 최고가 매수인이 납부를 하지 아니하면 그 보증금을 몰수하여 배당할 금액에 포함하며, 이후 차순위매수신고인에 대하여 낙찰허가여부의 결정 및 대금납부의 절차를 진행하게 되고 차순위매수신고인이 매각대금

을 납부하지 아니하면 역시 몰수하여 배당할 금액에 포함하여 배당한다.

- **무잉여인 경우의 경매취소(기각)** : 집행법원은 법원이 정한 최저경매가격으로 경매신청의 채권에 우선하는 부동산상의 모든 부담과 경매비용을 변제하면 남는 것이 없다고 인정한 때는 이러한 사실을 경매신청인에게 통지한다. 이러한 우선채권을 넘는 가액으로 매수하는 자가 없는 경우에는, 경매신청인이 스스로 매수할 것을 신청하지 않는 한 해당 경매를 법원이 직권으로 취소(기각)하게 된다.

- **배당** : 경매절차로 매각된 부동산의 대금으로 권리의 우선순위에 따라 매각대금을 나눠주는 절차. 현행 민사집행법에서는 배당종기일까지 배당을 요구해야 배당에 참가할 수 있으며, 이 기간을 넘긴 경우에는 배당이 되지 않고, 일단 배당요구를 하면 철회가 불가하다.

- **배당요구** : 강제집행에 있어서 압류채권자 이외의 채권자가 집행에 참가하여 변제를 받는 방법으로 민법, 상법, 기타 법률에 의하여 우선변제청구권이 있는 채권자, 집행력 있는 정본을 가진 채권자 및 경매개시결정의 기입 등기 후에 가압류를 한 채권자는 법원에 대하여 배당요구를 신청할 수 있다. 배당요구는 배당요구의 종기일까지 해야 한다. 따라서 임금채권, 주택임대차보증금 반환청구권 등 우선변제권이 있는 채권자라 하더라도 배당요구 종기일까지 배당요구를 하지 않으면 매각대금으로부터 배당받을 수 없고, 그 후 배당을 받은 후순위자를 상대로 부당이득반환청구를 할 수도 없다.

- **배당요구의 종기 결정** : 경매개시결정에 따른 압류의 효력이 생긴 때부터 1주일 내에 집행법원은 절차에 필요한 기간을 감안하여 배당요구를 할 수 있는 종기를 첫 매각기일 이전으로 정한다. 제3자에게 대항할 수 있는 물권 또는 채권을 등기부에 등재하지 아니한 채권자(임차인 등)는 반드시 배당요구의 종기일까지 배당요구를 해야 배당을 받을 수 있다. 법원은 특별히 필요하다고 인정하는 경우에는 배당요구의 종기를 연기할 수 있다.

- **배당요구의 종기 공고** : 배당요구의 종기가 정해지면 경매개시결정에 따른 압류의 효력이 생긴 때부터 1주일 내에, 법원은 채권자들이 널리 알 수 있도록 하기 위해 경매개시결정을 한 취지 및 배당요구의 종기를 공고한다.

- **배당이의** : 배당기일에 출석한 채권자는 자기의 이해에 관계되는 범위 안에서 다른 채권자를 상대로 그의 채권 또는 채권의 순위에 대하여 이의를 제기할 수 있다. 이의를 제기한 채권자가 배당이의의 소를 제기하고 배당기일로부터 1주일 내에 집행법원에 대하여 소 제기 증명을 제출하면 그 금원에 대하여는 지급을 보류하고 공탁을 하게 된다. 이의제기 채권자가 그 증명 없이 위 기간을 넘기면 이의에도 불구하고 배당금을 지급하게 된다.

- **변경** : 경매를 적법하게 진행시킬 수 없는 상황일 때 경매법원이 경매기일을 변경하는 것으로 다음 입찰 시 최저입찰가의 변동이 없다.

- **보증보험증권** : 가압류·가처분 사건에서 주로 사용되는 증권으로서 거액의 공탁금을 납부하는 대신 일정액의 보증료를 보증보험회사에 납부한 후 보증보험증권을 발급받아 제출하면 이를 공탁금에 갈음한다. 경매 입찰 시에도 같은 규정을 두어 입찰 보증금과 매수신청 보증 중에 선택해 제출할 수 있도록 하여, 입찰자들의 현금소지로 인한 위험방지 및 거액의 현금을 준비하지 않고서도 손쉽게 입찰에 참가할 수 있도록 한다. 매수신청의 보증으로 보험증권을 제출한 매수인이 매각대금 납부기한까지 매각대금을 납부하지 않을 경우에는 경매보증보험증권을 발급한 보증보험회사에서 매수인 대신 매수보증금을 납부하게 해 배당 시 배당재원에 포함해 배당한다.

- **부동산 인도명령** : 낙찰인은 낙찰대금 전액을 납부한 후에는 점유인에게 직접 낙찰부동산을 인도할 것을 요구할 수 있다. 하지만 현 점유인이 임의로 인도하지 아니하는 때에는 대금을 완납한 낙찰인은 대금 납부 후 6개월 내에 낙찰부동산을 강제로 낙찰인에게 인도하게 하는 내용의 인도명령을 신청할 수 있다. 그리고 집행관을 통한 그 명령의 집행을 통해 부동산을 인도받을 수 있다. 인도명령 신청은 잔금 납부와 진행하는 편이 여러 모로 유리하다.

- **상계** : 채권자가 낙찰받은 경우 발생하는 매각대금의 특별한 납부방법이다. 현금을 납부하지 않고, 채권자가 받아야 할 채권액과 납부해야 할 매각대금을 같은 금액만큼 서로 제하는 것이다. 채권자는 매각대금을 상계 방식으로 지급하고 싶으면, 매각결정기일이 끝날 때까지 법원에 위와 같은 상계 여부를 신고하여야 하며, 배당기일에 매각대금에서 배당받아야 할 금액을 제외한 금액만을 납부하게 된다. 그러나 그 매수인(채권자)이 배당받을 금액에 대

하여 다른 이해관계인으로부터 이의가 제기된 때에는 매수인은 배당기일이 끝날 때까지 이에 해당하는 대금을 납부해야 한다.

- **선순위 가처분** : 1순위 저당 또는 압류등기보다 앞서있는 가처분등기는 압류 또는 저당권에 대항할 수 있으므로 경매 후 촉탁에 의해 말소되지 않는다.

- **소유권이전 등기촉탁** : 낙찰인이 대금을 완납하면 낙찰부동산의 소유권을 취득하므로, 집행법원은 낙찰인이 등기비용을 부담하고 등기촉탁 신청을 하면 집행법원은 낙찰인을 위하여 소유권이전 등기, 낙찰인이 인수하지 않는 각종 등기의 말소를 등기공무원에게 촉탁하는 절차이다.

- **연기** : 변경과 마찬가지로 경매를 적법하게 진행시킬 수 없는 상황일 때, 경매법원이 경매기일을 연기하는 것으로 이때도 최저입찰가의 변동이 없다. (변경과는 다르게) 매각허가 결정이나 배당기일 등도 연기되는 경우가 있다.

- **우선매수청구권** : 부동산 공유자는 경매기일까지 보증을 제공하고 최고 매수신고가격과 동일한 가격으로 채무자의 지분을 우선 매수할 것을 신고할 수 있다. 이 경우에는 최고가 매수신고인이 되어도 공유자가 그 자리에서 동일한 가격에 매수할 의사를 밝히면 보증금을 돌려받고 최고가 매수인의 지위를 빼앗기게 된다.

- **유찰** : 경매에 나온 물건에 응찰하는 사람이 없거나 무효가 선언되어 다음 경매에 넘겨지는 것. 보통 유찰되면 최초감정가에서 가격이 20% 떨어지고, 또 유찰되면 그 전 가격에서 다시 20%가 떨어진 가격이 최저경매가가 된다. 몇몇 법원에서는 30%씩 저감되기도 한다.

- **이중경매(압류의 경합)** : 강제경매 또는 담보권의 실행을 위한 경매절차의 개시를 결정한 부동산에 대하여 다시 경매의 신청이 있는 때에는 집행법원은 다시 경매개시결정(이중개시결정)을 하고 먼저 개시한 집행절차에 따라 경매가 진행되는 경우다.

- **이해관계인** : 경매절차에 이해관계를 가진 자 중 법이 특히 보호할 필요가 있는 것으로 보아 이해관계인으로 법에 규정한 자를 말하며, 그들에 대하여는 경매절차 전반에 관여할 권

리가 정해져 있다. 참고로 최고가매수신고인(낙찰자)은 이해관계인에 포함되지 않고 매각 허가결정 후 매수인 신분이 되면 비로소 이해관계인 자격을 획득한다.

- **임의경매** : 저당권과 같은 담보권 실행을 위해 경매에 부쳐진 경매.

- **임차인** : 주택임대차보호법상의 보호대상이 되는 채권적 임차채권을 가진 세입자. 해당요 건은 주민등록전입, 당해 부동산의 점유, 채권적 임차채권 보유다.

- **입찰** : 경매 입찰에 응하는 행위.

- **잔금 납부기일** : 최고가 매수인에 대해 경락허가결정이 확정되면 법원이 지체 없이 직권으 로 대금지급기일을 지정한 날이다.

- **재경매** : 매각허가결정의 확정 후 법원이 지정한 대금지급기일에 낙찰자가 잔금납부를 이 행하지 않은 경우에(차순위매수신고인도 없는 경우) 법원이 직권으로 다시 실시하는 경매다. 이때 최저가는 종전 최저가와 같은 금액으로 정한다.

- **전차인** : 임대인이 임차인과 전세를 맺은 경우를 흔히 알고 있는 '임대차' 라 하며, 임차인 이 다시 다른 이에게 전세를 주어 계약을 했다면 이를 '전대차' 라고 전세계약을 한 자를 '전차인' 이라 한다. 예컨대, 5,000만 원에 세를 들고 있는 임차인과 3,000만 원에 전세계 약을 했다면 이는 전대차가 되는 것이다.
임차인은 주택임대차보호법에 의해 소액보증금을 우선변제 받을 수 있다. 여기서 전차인 은 우선변제권이 있을까? 그렇다. 하지만 단서가 있는데, 전대차 계약서에 임차인뿐만 아 니라 임대인(집주인)의 서명날인도 함께 받아 두어야 한다. 다시 말하면 임대인의 동의 없이 한 전대차계약은, 만약 주택이 경매로 넘어갈 경우 전차인의 소액보증금은 받기 어렵다는 것이다. 때문에 전대차계약을 할 때는 임대인의 동의를 반드시 얻어야 한다.

- **지상권** : 다른 사람의 토지에서 건물 기타의 공작물이나 수목을 소유하기 위해 토지를 사용 할 수 있는 권리를 말한다. 토지 임차권과 유사한 개념이나 지상권자는 계약당사자가 아닌 제3자에게도 대항할 수 있다는 점에서 임차권보다 강력한 권리다.

- **집행관** : 강제집행을 실시하는 자로서, 지방법원에 소속되어 법률이 정하는 바에 따라 재판의 집행과 서류의 송달 등의 업무에 종사한다.

- **차순위매수신고인** : 최고가 매수신고인 이외의 입찰자 중 최고가 매수신고액에서 보증금을 공제한 액수보다 높은 가격으로 응찰한 사람은 차순위매수신고를 할 수 있다. 차순위매수신고를 하게 되면 매수인이 매각대금을 납부하기 전까지 보증금을 반환받지 못한다. 그 대신 최고가매수신고인 스스로의 사유로 그에 대한 매각이 불허되거나, 매각이 허가 후 그가 매각대금 미납한 경우 다시 매각을 실시하지 않고 집행법원으로부터 매각 허부의 결정을 받을 수 있는 지위에 있는 자다.

- **최고** : 타인에게 일정한 행위를 할 것을 요구하는 통지를 말한다. 이는 상대방 있는 일방적 의사표시이고, 최고가 규정되어 있는 경우에는 법률규정에 따라 직접적으로 일정한 법률효과가 발생한다. 최고에는 두 종류가 있다. 하나는 의무자에게 의무의 이행을 구하는 경우, 다른 하나는 권리자에 대한 권리의 행사 또는 신고를 요구하는 경우다.

- **최저경매가** : 일반법원 경매 응찰자들이 응찰가액을 산정할 때의 기준이 되는 금액. 이 가격 이상으로만 입찰금액을 작성해야 한다. 첫 회 경매에서는 감정평가액이 최저경매가격이 된다.

- **취하** : 채무자가 채무를 변제해 채권자가 법원 경매신청 의사를 철회하는 것을 말한다. 경매가 진행되지 않고 종결된다. 매각허가결정 이후의 취하는 매수인(낙찰자)의 동의가 있어야 한다.

- **타경** : 경매사건에 붙이는 고유 기호.

- **토지별도 등기 있음** : 우리 민법은 토지와 건물을 별개의 부동산으로 보고 있기 때문에 토지와 건물의 설정등기 내용 등이 달라질 수 있는데, 그 설정내용이 다른 경우 경매 서류에서 '토지별도 등기 있음' 으로 표기해 준다.

- **특별매각조건** : 법원이 경매부동산을 매각해 그 소유권을 낙찰인에게 이전시키는 조건을

말한다. 다시 말하면 경매의 성립과 효력에 관한 조건이다. 매각조건은 법정매각조건과 특별매각조건으로 구별된다. 법정매각조건은 모든 경매절차에 공통하여 법이 미리 정한 매각조건을 말하며, 특별매각조건은 각개의 경매절차에 있어서 특별히 정한 매각조건을 말한다. 어느 특정경매절차가 법정매각조건에 의하여 실시되는 경우에는 경매기일에 그 매각조건의 내용을 관계인에게 알릴 필요가 없다. 그러나 특별매각조건이 있는 경우에는 그 내용을 집행관이 경매기일에 고지해야 하며, 특별매각조건으로 경락한 때에는 매각허가결정에 그 조건을 기재하여야 한다(ex. 농지취득자격증명원 제출 요함, 입찰보증금 20%, 대지권 없음 등).

- **표제부** : 등기부등본에서 토지와 건물의 지번(주소), 지목, 면적, 용도 등이 적혀 있으며 집합건물의 경우는 표제부가 2장이다. 첫 번째 장은 건물의 전체면적이, 두 번째 장에는 건물의 호수와 대지지분이 나와 있다.

- **필지** : 하나의 지번이 붙는 토지의 등록단위를 말한다(법적 개념).

- **항고보증금** : 매각허가결정에 대해 항고를 하고자 하는 모든 사람은 보증으로 매각대금의 10분의 1에 해당하는 금전 또는 법원이 인정한 유가증권을 공탁해야 한다. 이것이 항고보증금인데, 이를 제공하지 아니한 때에는 원심법원이 항고장을 각하하게 된다. 채무자나 소유자가 한 항고가 기각된 때에는 보증으로 제공한 금전이나 유가증권을 전액 몰수하여 배당할 금액에 포함하여 배당하게 되며, 그 이외의 사람이 제기한 항고가 기각된 때에는 보증으로 제공된 금원의 범위 내에서, 항고를 한 날부터 연 20%에 해당하는 금액에 대하여는 돌려받을 수 없다.

- **현황조사보고서** : 법원은 경매개시결정을 한 후 집행관에게 부동산의 현상, 점유관계, 차임 또는 임대차 보증금의 액수, 기타 현황에 관해 조사할 것을 명하는데, 현황조사보고서는 집행관이 그 조사내용을 집행법원에 보고하기 위해 작성한 문서다.

부동산에 대한 안목을 넓혀 주는 사이트들

경매&공매
대법원 법원경매 http://www.courtauction.go.kr
공매 온비드 http://www.onbid.co.kr

부동산 시세
아파트실거래가(국토해양부) http://rt.moct.go.kr
KB시세 http://www.kbstar.com
네이버부동산 http://land.naver.com

부동산 정보
매일경제 http://estate.mk.co.kr
중앙일보 http://www.joinsland.com
한국주택신문 http://www.housingnews.co.kr
한국APT신문 http://www.hapt.co.kr
서울경제 http://lands.hankooki.com/index
한국경제 http://www.hankyung.com/landplus

인터넷 지도
콩나물닷컴 http://www.congnamul.com

감정평가기관
한국감정원 http://www.kab.co.kr
한국감정평가협회 http://www.kapanet.co.kr

민원서비스

부동산 등기부등본(열람&발급) www.iros.go.kr

공시지가 확인 http://member.kapanet.co.kr/cgi-bin/gsv

대한민국 전자정부 민원서비스 http://www.egov.go.kr

(주민등록 등초본, 토지대장, 건축물대장 등)

정부기관

방송통신위원회 http://www.mic.go.kr

기획재정부 http://www.mofe.go.kr

법제처 http://www.moleg.go.kr

대법원 http://www.scourt.go.kr

국회 http://www.assembly.go.kr

국회도서관 http://www.nanet.go.kr

국세청 http://www.nta.go.kr

공정거래위원회 http://www.ftc.go.kr

국토해양부 http://www.mltm.go.kr

유관기관

해외건설협회 http://www.icak.or.kr

한국자산관리공사 http://www.kamco.or.kr

한국토지신탁 http://www.koreit.co.kr

한국공인중개사협회 http://www.nareb.or.kr

대한지적공사 http://www.kcsc.co.kr

대한주택보증 http://www.khgc.co.kr

대한주택공사 http://www.knhc.co.kr
대한건축사협회 http://www.kira.or.kr
대한건설협회 http://www.cak.or.kr
국토연구원 http://www.krihs.re.kr

경제연구소

삼성경제연구소 http://www.seri.org
LG경제연구원 http://www.lgeri.com
현대경제연구원 http://hri.co.kr
대신경제연구소 http://www.deri.co.kr
한국금융연구원 http://www.kif.re.kr
한국경제연구원 http://www.keri.org
한국건설산업연구원 http://www.cerik.re.kr
한국개발연구원 http://www.kdi.re.kr
대외경제정책연구원 http://www.kiep.go.kr

사설 경매 사이트 (대부분 유료, 기간 · 지역별로 가격이 상이)

굿옥션 http://www.goodauction.co.kr
지지옥션 http://www.ggi.co.kr
하우스인포 http://www.houseinfo.co.kr
리츠옥션 http://www.reitsauction.com
한국경매 http://www.hkauction.co.kr
온옥션 http://www.onauction.co.kr/main

27세, 경매의 달인

초판 1쇄 2008년 7월 30일
16쇄 2013년 2월 28일

- -

지은이 신정헌
펴낸이 성철환 **담당PD** 성영은 **펴낸곳** 매경출판(주)
등 록 2003년 4월 24일(No. 2-3759)
주 소 우)100-728 서울 중구 필동1가 30번지 매경미디어센터 9층
홈페이지 www.mkbook.co.kr
전 화 02)2000-2610(편집팀) 02)2000-2636(영업팀)
팩 스 02)2000-2609 **이메일** publish@mk.co.kr
인쇄·제본 (주)M-print 031)8071-0961

- -

ISBN 978-89-7442-519-7
값 12,000원